授業づくりで学級づくり

土作 彰 著

黎明書房

まえがき

「先生の仕事って何?」と聞かれたら,多くの方々は「授業をすること」と答えるでしょう。これはもう間違いのない「解答」です。言うまでもなく教師は「授業のプロ」なんですね。

志ある意欲あふれる先生方は,地道に「プロ教師」としての技量を磨くべく研鑽に励むはずです。書籍を購入して読む。セミナーに出かけて役立つ情報を入手する。指導案を練りに練って研究授業に臨む。それらの極めて地道な方法で授業者としての力量を高めていくのです。他ならぬ私も同じでした。ありったけのエネルギーを傾注して力量を高めるべく努力してきたつもりではありました。

しかし……。ある時に気づいたのです。「この授業は『私』でなければできなかった授業なのか? 他の誰にでも簡単に真似できる授業ではなかったか?」と。

「もし,子どもたちに提示した資料や教材が飛びきり良く,考えられた発問や指示などの指導言を出し,子どもたちが『面白かった』と感想を書いてくれるような授業ができたとしても,それはその『資料』『教材』『指導言』が良かっただけの話ではないか?」と。

「もしそれが目指す究極の授業像だとしたら,授業者は私などでなくてもよかったということ。『ティーチングロボット』でもよかったのだ。誰がやってもうまくいく授業などというのは,結局は授業という営為を単なる『ハウツー物』にしてしまう危険性がある」

これに気づいたとき,私は何とも言えない空虚感に襲われました。私が10年来人生をかけてきた授業という営為はこの程度のものだったのか? と。

そんなとき,私は京都で150名の参観者の前で飛び込み授業をする機会に恵まれました。全身全霊をこめてとっておきのネタで勝負しました。子どもたちは喜んでくれました。しかし……。私の師匠的存在

である先生からは次のような指摘を受けました。

「土作さんのはただのミニネタ披露会に過ぎない」正直ショックでした。子どもたちはあんなに喜んでくれたのに……。しかしここに前述した「空虚感」がばっちり重なったのです。「そうだ。この状況を打開することなしに私の進歩はあり得ない！」そうして今の自分の授業に何が足りないのかを分析し始めました。すると一つのことに気づいたのです。

それは、「どんなに優れた授業プランもただ教師が一方的に子どもたちに与えているだけでは子どもたちは育たない。子ども同士が『この仲間と学びあって良かった！』という実感を得て、学級が人間的に成長しないのなら、その授業は失敗である」ということでした。

ではどのようにすれば「授業づくり」は「学級づくり」へと昇華するのでしょうか？　その方法論的キーワードが「タテ糸」と「ヨコ糸」なのです。

「タテ糸」とは、「教師が児童・生徒に対して与える全ての刺激」のことです。教師の言動はもちろん、立ち姿、雰囲気に至るまで、児童・生徒が認識しうる「教師に関する情報全て」と言えます。

「ヨコ糸」とは、「児童・生徒同士の繋がり」のことです。前述しましたが「この仲間と学びあって良かった！」と思える人間関係を構築するための営為と言えます。この双方を意識して紡ぎ合わせることで確固たる授業づくりができ、さらには学級づくりができるようになるのです。

本書ではそもそも「タテ糸」とは何か、「ヨコ糸」とは何か、次いでそのキーワードを支える思想を明らかにしました。その上でその思想に支えられた実践例を紹介しています。

「授業づくりと学級づくりの関係って何だろう？」と考えておられる先生方の一助になれば幸いです。

土作　彰

目　次

まえがき　1

第1章
授業づくりを学級づくりに昇華させる「タテ糸・ヨコ糸」
―理論編―

1　「タテ糸・ヨコ糸論」の前に押さえておきたいこと……8

1　そもそも，どんな子どもを育てるために指導するのか？　8
2　成長論　―子どもの成長をどこで見るか―　9
　(1)　子どもと教師の活動量で見る　10
　(2)　自分のことと他人のことの優先度で見る　13
　(3)　楽なこととしんどいことの選択で見る　14
　(4)　共感的コミュニケーションと
　　　批判的コミュニケーションの成立で見る　16
3　私の理想とする子ども像　17
4　学校とは子どもから大人へ成長を遂げる場所！　17

2　学級づくり・授業づくりのタテ糸とヨコ糸……………20

1　野中・横藤氏の「縦糸・横糸論」との相違　20
2　タテ糸　―教師が子どもに与える全ての刺激―　21
　(1)　教師の容姿　21
　(2)　教師の声・話し方　22
　(3)　教師が醸し出す雰囲気　22
　(4)　教師の特技　23

(5)　教師の最大のタテ糸，授業　23
　3　ヨコ糸　―児童・生徒同士の人間関係上の繋がり―　26

3　学校づくりも同時にできる 「タテ糸」と「ヨコ糸」を紡ぐ授業へ……………28

　1　授業づくりは学級づくり　28
　2　「コウ」という読みの漢字は？　―授業の実践例―　29
　　(1)　タテ糸のみの授業　29
　　(2)　タテ糸とヨコ糸を紡ぐ授業　30

第2章
授業づくりで学級づくり
―実践編―

1　国語科授業でこう学級を創る……………34

　実践0　子どもは漢字が大好き！　―強力なタテ糸の威力！―　34
　実践1　一番画数の多い漢字は？　37
　　　　　―「漢字クイズ」でタテ糸を紡ぐ―
　実践2　外来語の漢字　―「漢字クイズ」でタテ糸をさらに紡ぐ―　40
　実践3　「粉」の話　―「国字の話」でタテ糸をさらに紡ぐ―　42
　実践4　外来語の漢字で楽しく友達と学び，伸びる　44
　　　　　―タテ糸とヨコ糸を同時に紡ぐ―
　実践5　おもしろ音読で楽しいムードを高める　49
　　　　　―声出しでタテ糸を紡ぐ―
　実践6　音読の力を伸ばす　―タテ糸からヨコ糸へ―　53
　実践7　暗唱教材で達成感を！　57
　　　　　―ヨコ糸を紡ぐリード式記憶法―

目 次

2 社会科授業でこう学級を創る……………………63

実践1 国旗フラッシュカードで惹きつける ―タテ糸を紡ぐ― 63
実践2 社会常識暗唱 ―タテ糸を紡ぐ― 65
実践3 いろいろな世界地図 ―タテ糸を紡ぐ― 67
実践4 ナビゲーションゲーム 68
　　　　―友達との共同学習でタテ糸とヨコ糸を紡ぐ―
実践5 自由発言の授業で ―ヨコ糸を紡ぐ― 70

3 算数科授業でこう学級を創る……………………72

実践1 かけ算の秘密 ―算数アレルギーをタテ糸で払拭せよ― 72
実践2 「分かった！」という瞬間を！ 75
　　　　その1　体積理解グッズ ―タテ糸を紡ぐ―
実践3 「分かった！」という瞬間を！ 77
　　　　その2　面白算数グッズ ―さらにタテ糸を紡ぐ―
実践4 「追いつめて」「助け合う」 79
　　　　―日々の授業でヨコ糸を紡ぐ―

4 理科授業でこう学級を創る……………………83

まずは理科実験ネタをゲットしよう！ 83

実践1 出会いの授業に使える実験ネタ ―タテ糸を紡ぐ― 84
実践2 食育へと繋がる実験 ―タテ糸を紡ぐ― 86
実践3 授業参観で絶対受ける大道芸ネタ！ 90
　　　　―身体を張ってタテ糸を紡ぐ―
実践4 強烈な「タテ糸」・スベリ知らずの真空ポンプ 95
　　　　―まずは強烈なタテ糸で惹きつけ，
　　　　　それからヨコ糸を紡ぐ―

実践5　教室の外でだって面白実験！　―タテ糸を紡ぐ―　103

5　体育科授業でこう学級を創る……………………… 108

まずは「運動大好き！」と言わせる　108
―タテ糸・ヨコ糸を一気に紡ぐ―
　　実践1　ボール送りリレー　―ルールづくりでヨコ糸を紡ぐ―　108
　　実践2　タグ鬼ごっこゲーム　―ルールづくりでヨコ糸を紡ぐ―　110
　　実践3　バスケットボール　112
　　　　　　―ボールを取りに行かせるときが，ヨコ糸を紡ぐチャンス―
　　実践4　水泳指導　―「できた！」という実感は強いタテ糸―　114

6　給食指導でこう学級を創る……………………… 116

「給食」というアクティビティで　―ヨコ糸を紡ぐ―　116
　1　大人の「当番」と子どもの「当番」　―「当番」の思想―　116
　2　教師が見本を見せる　117
　　　―圧倒的力量で範を示すタテ糸―
　3　「やりたい人！」精鋭エプロン組募集　118
　4　キッチン・ホール・テーブルの3パート　119
　5　タイムトライアル　―記録更新してヨコ糸を紡ぐ―　121
　6　その他の礼儀作法を教える　121
　7　最後は挨拶で締める　123

あとがき　124

第1章
授業づくりを学級づくりに昇華させる「タテ糸・ヨコ糸」
―理論編―

「授業をしていたら学級づくりも完璧！」
担任教師ならそんな授業を目指したいものです。
ではどうすればそのような授業ができるのでしょうか？
そんな授業のキーワードが「タテ糸」「ヨコ糸」です。
しかしそれら二つのキーワードで効果的に学級づくりを行うためには
いくつかの前提となる考え方が必要です。
本章では授業づくり・学級づくりの方法論「タテ糸・ヨコ糸論」と
その前提となる「哲学論」「成長論」についてもまとめてあります。

1 「タテ糸・ヨコ糸論」の前に押さえておきたいこと

1　そもそも,どんな子どもを育てるために指導するのか？

　本書で展開する「タテ糸論」「ヨコ糸論」は,授業づくりを学級づくりに昇華させるための方法論です。方法論ですから,かなりの先生方がそれを追実践してもかなり効果を生み出せると思います。またそうでなければ書籍にして世に問う必要はどこにもありません。
　しかし,ただ単に効果を出せばよいというものではありません。一時的に効果があったとしても,それはいつの間にか消え失せてしまうでしょう。効果は持続的に発揮され,揺るぎない子どもたちの事実すなわち,良い人間関係に支えられた学級の中で生きる子どもたちの姿を創出しなければなりません。その意味では,

> 方法論は「最も」大切なことではない。

と言えます。
　ではその方法論を超えるものとは一体何か？
　それは「哲学」です。いわば教師の思想です。本書において方法論を述べる前に,この「哲学論」にどうしても触れておかねばなりません。少し紙幅を割いて今から述べます。
　「哲学」とは何か？　それはタイトルにも書きましたが,「そもそもどんな子どもを育てるために指導するのか？」という問いに対する答えです。私の場合,次の二つです。

> 1　自らを磨く子ども
> 2　他を思いやる子ども

第1章 授業づくりを学級づくりに昇華させる「タテ糸・ヨコ糸」―理論編―

　これら以外には一切ないと言ってよいでしょう。なぜならこれら二つのことができる子どもは，自分のみならず周りの人を大切にすることができ，幸せな人生を送ることができるようになるからです。

　人間にとって本当の幸せとは自分だけが利益を享受することではありません。他の人々に幸せを与えることこそ本当の幸せなのです。私は鍵山秀三郎氏の『掃除道』（PHP 研究所）を拝読し，その思いに至ったという経緯があります。

　よって全ての教授活動の点検はこの二点に収斂されて行われるのです。たとえば友達の悪口を言って傷つける子を私は許しません。他を思いやっていないからです。たとえば乱雑なノート作業を許しません。自分を磨いていないからです。

　もし，自分を磨き，他を思いやる意図を持って何か失敗したのなら私はその行為を責めはしない。むしろその勇気を称えます。

　このように子どもたちが行う全ての営為をこの二つの観点で「篩」にかけるとよいでしょう。ブレのない一貫性のある指導ができるようになります。

2　成長論 ―子どもの成長をどこで見るか―

　自分なりの「哲学」を持ったら，次はその「哲学」に即して子どもたちがどのように成長するのかをイメージして指導に当たらねばなりません。自分の「哲学」を持って指導したなら1年後にはどのような理想的な姿に成長するのかをしっかり思い描くことが大切です。

　「なぜ『成長論』が授業づくりや学級づくりに関係あるのか？」と思われるかもしれません。しかし，この「成長論」は授業づくり，学級づくりを成功に導くための大切な前提条件なのです。

　スポーツを例にしてみましょう。中学，高校，大学の全国レベルと言われるスポーツチームは礼儀作法が実にしっかりしているというの

を聞いたことがあるでしょう。オリンピックのメダリストもインタビューでは「自分を支えてくれた人への感謝」をまずはじめに語ります。つまり人間としての「成長」なしに，スポーツでも勉強でも成果はあげられないのです。一見，スポーツのパフォーマンスと礼儀作法や感謝の心などのような人間としての「成長論」とは関係がないように見えます。しかし，あることを成就するためにはそのようにメンタルな部分で成長していなければ，少々の困難にすぐにめげてしまうのです。これは学級づくりでも全く同じことが言えます。

　授業づくりの「タテ糸」「ヨコ糸」を効果的に紡ぐには子どもたちの成長を前提としなければ，単なる表面的な追実践に終始してしまうのです。では，子どもたちの成長をどのように把握すればよいのでしょうか？

　ここで，土作の「哲学」に即して成長した子どもの理想像をイメージするために重要かつ効果的なグラフを紹介します。

(1) 子どもと教師の活動量で見る

　図1は，子どもたちが成長する過程において，時間の経過とともに教師の活動量が減り，子どもの活動量が増えていくことを示しています。

　4月に比して，翌年3月にそうなっていなければ，いつまで経っても教師があれこれ指示や叱責をしなければならないクラスということになります。

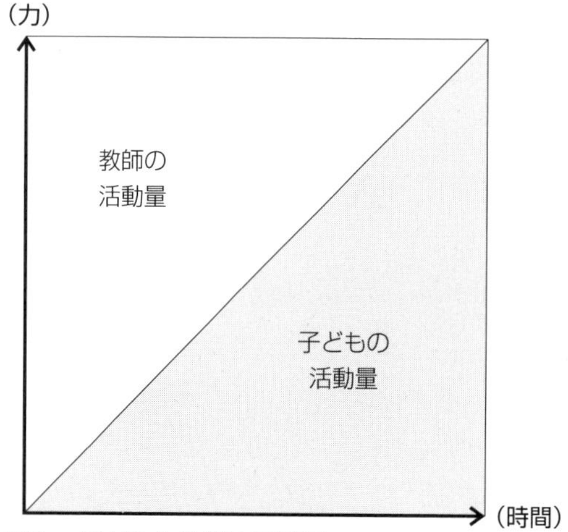

図1　子どもと教師の活動量

具体例

　たとえば体育館，運動場に子どもたちを移動させて整列させる場面が多々あることでしょう。儀式的行事，運動会，ゲストティーチャーの講話，学芸会，運動会……。子どもたちは年間，実に数十回，高学年ともなれば100回以上はそれらの場所に移動しているはずです。

　私は次のようなシーンを散見します。

　3月。卒業式間近です。6年生の練習もいよいよ佳境に入ります。「晴れ舞台」に備えて余念がない時期です。私は在校生の指導に当たっていました。

　さて6年生が担任に引率されて体育館に入ってきました。担任は？と見ますと……。担任教師は列の先頭に立ち，所定の場所に来るとハンドサインを出しています。ピースサインだから「男女2列になれ」ということなのでしょう。

　私は問いたい。3月。間もなく卒業する6年生を体育館に移動させて整列させる際の教師の立ち位置及び「ハンドサイン」による指示ははたして適切なのでしょうか？

　このような教師は「ハンドサイン」を単なる教育技術の一つとしてしか認識していないのでしょう。いつ，なぜそこで用いるのか？　説明できないに違いありません。仮に説明できたとしたらどう説明するのでしょうか？　「これがこの時期に卒業生に対して必要な指導方法なのです」とでも言うのでしょうか？

　4月当初でまだ集団になり得ていない「群れ」が対象であるなら分からないことはありません。（それにしても4月とは言え6年生にハンドサインを出さねばならない状況というのは由々しき事態だと考えられます）しかし，いよいよ卒業（義務教育のうち6年間を修了すること）間近な子どもたちに対し，担任が先頭に立ち，ハンドサインをしているなど，それはイコール教育の敗北を意味しています。少なくともその担任教師は6年生の力を最大限発揮させたとは言えません。

私なら次のような理想イメージを持って指導に当たります。

> ■ 教室を出るとき，きちんと椅子を入れ，出口で教室に向かって一礼する。
> ■ 素早く整列し，黙ったまま移動を開始する。もちろん教師は指示を出さない。
> ■ 教師は一番後からついていくか，先に行って体育館で待っている。卒業間近で十分に子どもたちが育っているならわざと数分遅れて体育館に入ることもある。
> ■ 子どもたちは先に入っている他クラスの子どもたちの位置や指導者の位置，横幅などを勘案して自分たちで判断して列を作って静かに座る。
> ■ もし列などに変更があったら速やかに対応して座り直す。
> ■ 姿勢を正して指導者の方を注視し，微動だにしない。

　これが最低ラインです。教師は一切指導言を発しません。あたかも子どもたちだけで動いているように見えます。
　さらにもっと育ってくると，体育館の照明や換気にまで目配りできる子も現れます。
　以上が卒業を間近に控えている最上級生にふさわしい姿です。

　たかが教室から体育館までの移動と整列と言うなかれ。そこには子どもたちが力を伸ばす絶好のチャンスが満載なのです。

(2) 自分のことと他人のことの優先度で見る

(カ)

自分のことを
優先して行う

他人のことを
優先して行う

(時間)

図2 自分のことと他人のことの優先度

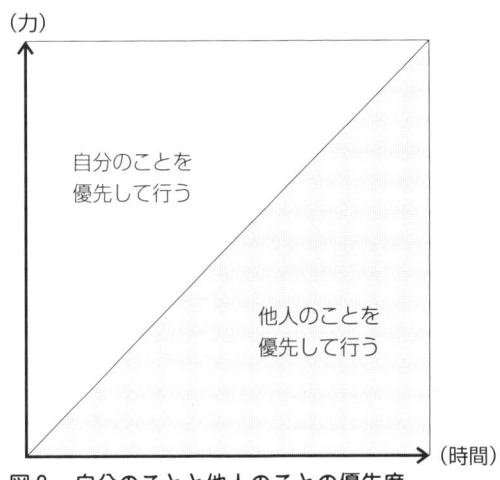

図2は，子どもたちの行為を示しています。成長していれば子どもたちの行為は自分のことよりも他の人のことを優先して行えるようになります。「他を思いやる」子どもたちが集う学級なのですから。

具体例

これは比較的早い時期に子どもたちに変容が認められるでしょう。たとえばノートを提出するシーン。子どもたちは自分のノートだけを前に提出しようとするでしょう。しかしこの時に自分のものとともに友達のものも提出できるようにしたいものです。

また，プリントを前から配る際に1枚足りなかった時のシーン。ここで，一番後ろの子が「先生足りません」と教師に言いにくるようではいけません。自分のは後にしてまず友達に先に渡し，自分が「わざわざ前に取りにくる」クラスにしたいのです。

ともすれば子どもたちは自分だけ良ければよいという空気に慣れてしまう。最近は大人にもそういう利己的な輩が増えました。だからこそいま教育現場で地道な指導が必要なのです。

「他にいろいろ仕事もあるのに，自分のことは後にする」そんな「時代遅れ」の子どもを育てたいですね。

(3) 楽なこととしんどいことの選択で見る

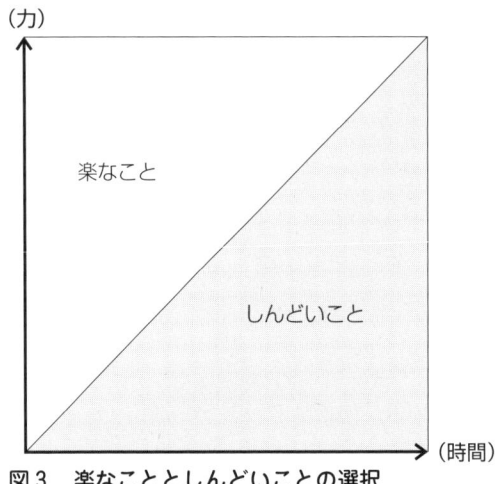

図3は，子どもたちが自らの意思で選ぶ「道」の難易度を示したものです。「自らを磨く」のです。進んでしんどい「困難」に立ち向かっていくたくましさが育っていなければなりません。

(力)／(時間)／楽なこと／しんどいこと

図3　楽なこととしんどいことの選択

具体例

　たとえば漢字練習ノートの指導です。4月当初なら「綺麗に丁寧に書く」レベルでよいでしょう。しかし，1年後に子どもたちのノートはどのように進化しているべきなのか？　私は子どもたちに「昨日の自分を越えろ！」と言います。「昨日10回ずつ練習したのなら今日は11回やっておいで。いきなり2倍，3倍なんて無理だけど，『1回』なら越えられるはずだ。少しずつ『無理』しといで」とも言います。（次頁のノート参照）

　たとえば運動会の組体操の練習の場合です。難しい技があるとそのまま凹んでしまって自主練習をしない子が多い。そんなときは朝練習や昼練習で徹底的に付き合い，できるまで練習をさせます。そのときに一緒に付き合ってくれる友達もいるとなおよいでしょう。

　困難に立ち向かうのはしんどくて辛いものです。でも，それを乗り越えた者だけが味わえる達成感があります。それを体感させたい。で

第1章　授業づくりを学級づくりに昇華させる「タテ糸・ヨコ糸」―理論編―

きればクラス全員でその「成功」を祝福したいのです。

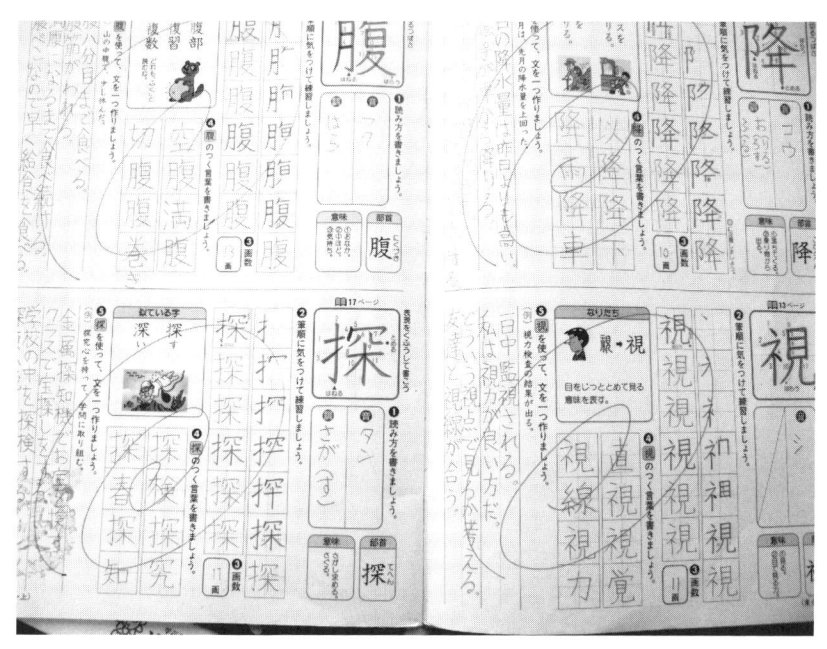

4月中旬のノート。この時期はとにかく「丁寧さ」のみを要求した。

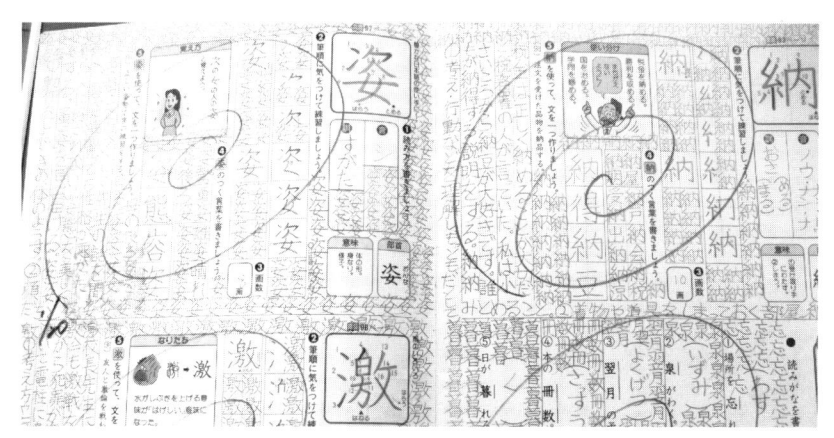

11月段階でのノート。「丁寧さ」は当たり前。隙間を「練習」や「意味調べ」で埋め尽くすことを要求した。

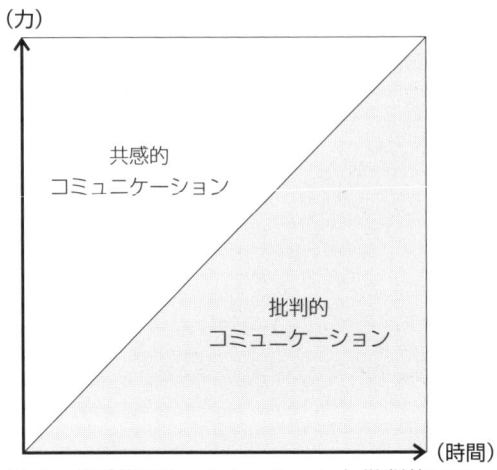

(4) 共感的コミュニケーションと批判的コミュニケーションの成立で見る

図4は、教師と子どもとの間に成立するコミュニケーションの種類を示しています。初期はまずは「ほめる」ことを主体にしてコミュニケーションを図りますが、成長とともに教師の「厳しい」批判的な指導言でもガンガン子どもの中に入っていくようになることを示しています。

図4 共感的コミュニケーションと批判的コミュニケーションの成立

具体例

4月当初はまずは「タテ糸」(21頁参照)を紡ぐ時期なので、子どもたちの「マイナス」ではなく「プラス」の行為に着目します。たとえば「話の聞き方」を指導した後、ちゃんとメモを取っている子がいたら、「おっ、ちゃんとさっき教えたことを守ってメモしているね。偉い!」とみんなの前でほめます。

しかし、3月になってメモすべきときにメモをしないことに対しては非常に厳しく対峙します。たとえばかつて土作学級に30名ほどの参観者が来られ、自己紹介をしていただいた時がありました。このとき、自己紹介が進んでいく間に何もしない子が多数だったので次のように指導しました。

「はい。右から5番目のこの先生のお名前は?(メモしていた子を

当てて拍手する）その後，なぜ今日一日一緒に教室で過ごす方々の名前をメモしないのか？　きみたちは記憶の達人か？　さっきの〇〇君はちゃんとメモしていたのだ。だから今日一日素敵なコミュニケーションが取れるのだ。こんなときにこそメモを利用できるようになれ！」

3　私の理想とする子ども像

　以上のグラフから，私の理想とする子ども像は容易に浮かび上がります。

> ・自発的に動くことができる子ども
> ・自分のことよりも他人を優先する子ども
> ・自ら困難に立ち向かっていく子ども
> ・厳しい指導に食らいついていく子ども

　そんな子どもたちを「たくましい子ども」と言い換えてもよいでしょう。
　「自らを磨く子ども」「他を思いやる子ども」を育てるために指導するという私の「哲学」を，前述の4つのグラフに見た成長論とリンクさせて整理すると，このように目指す子どもの「理想像」が明確になります。あとは全ての教育活動の局面においてより具体的にイメージをすればよいでしょう。

4　学校とは子どもから大人へ成長を遂げる場所！

　上述した子どもたちとは一体どんな子どもたちでしょうか？　改めて考えてみれば，それはもはや大人同然です。

暦年齢や民法上大人でなくても，精神では子どもも大人になることができます。逆にいくら歳ばかりとっていても，精神が子どものような大人を散見することもあります。

宇佐美寛氏は言います。

> 「学校は，学校を不要にするために機能すべきものである」
> 『自分にとって学校はなぜ要るのか』（宇佐美寛・問題意識集10，明治図書，30頁）

これを象徴する出来事がいくつかありました。

まず，入学式の片づけの時のことです。式後，6年生100名余を残して30分ほど片づけをやらせてみました。ところが100名もいるというのに仕事ははかどりませんでした。それどころかさぼったり遊んだりする不届き者が続出。時間があっという間に過ぎて子どもたちを帰宅させました。

その後，昼から教職員十数名で残りの仕事を片づけました。誰も何も言わなくてもあっという間に仕事は完了しました。その時「さすがに教師集団はすごいなあ。何も打ち合わせもしていないのに，あっという間に仕事が片づいてしまう」としみじみ思ったものでした。

次にセミナー後の仲間との打ち上げ会でのことです。大皿に盛られた料理を誰ということなしに全員に給仕し始める先生方がいます。乾杯用のグラスを全員の目の前に配る先生方がいます。それを見て誰彼なしにビールをグラスに満たしていきます。みんなそろって乾杯！

子どもたちの会食会ではこうはいきません。給食時間でも大騒ぎです。「未熟な子どもたちに物を食べさせるのは一苦労」なのです。

さてこうして私の身近には理想とすべき「大人の行為像」があふれ

第1章　授業づくりを学級づくりに昇華させる「タテ糸・ヨコ糸」―理論編―

ています。そこである日閃(ひらめ)いたのです。「そうか。何も難しいことでなくていいんだ。子どもたちに私の周りにいる素敵な教師集団と同じようなことをさせることができればいいんだ!」

　でもそれは少々子どもたちにはハードルが高過ぎはしないか?　そういう心配もないことはありませんでした。

　でも私には次のような体験があります。

　少年ラグビーの指導です。かつて奈良県最弱の3年生チームを担当したときのことです。このチームを何とか強くしたいと思ってあれこれ「子ども用」の練習に明け暮れていたのですが，思ったように結果が出ません。「どうしたら強くなれるだろう?」と思い悩んでいたときにふと閃いたのです。

　「自分が今社会人チームでやっている練習を子どもたちができるようになったら，子どものレベルではかなり強くなれるのではないか?」そう思って，私自身が社会人の府県代表レベルでやっている練習を取り入れてみたのです。すると……。できるのです。ついてくるのです。子どもたちはどこまでも上手くなりました。結果5年生・6年生のときには奈良県大会で連覇を果たしました。この時指導者として思ったのです。「子どもたちの限界を勝手に作ってはならない」と。

　学校でもまた同様に考えてみました。子どもたちの理想像を考えるとき，自立して生活していける大人の行為レベルを連想してみればよいのではないかと。

　以上，本書の主題である方法論「タテ糸・ヨコ糸論」を述べる前に，その前提となるどうしても押さえておきたいことについて述べました。以下，この前提を踏まえた方法論「タテ糸・ヨコ糸論」について詳しく述べます。

2 学級づくり・授業づくりの
　　タテ糸とヨコ糸

1　野中・横藤氏の「縦糸・横糸論」との相違

　学級づくりにおける「縦糸・横糸論」を提起したのは横浜の野中信行氏と北海道の横藤雅人氏です。ともに私の尊敬する実践家です。
　本書で私は「タテ糸」「ヨコ糸」という言葉を多用します。しかし野中・横藤両氏の主張する「縦糸」「横糸」と私の主張する「タテ糸」「ヨコ糸」には相違があります。はじめにそれを明確にしておきます。
　『必ずクラスがまとまる教師の成功術！』（野中信行・横藤雅人著，学陽書房）によると，野中・横藤氏の言う「縦糸」は「教師と子供との上下関係」を指すとされます。その「上下関係」とは「言葉遣いを正す」などの「権威確立」のための手法として紹介されていますが，「3・7・30の法則」に見られるように，主に教師が子どもに対して提示する学級システム論であると考えられます。

> 私の定義する「タテ糸」は野中・横藤両氏の言う「縦糸」よりも広く「教師が児童・生徒に対して与える全ての刺激」を指します。

　また，野中・横藤両氏の言う「横糸」は，「子供たちと遊」んだり「子供と話し合」ったり「子供を惹きつける話」をしたりすることを指すとされます。つまりは教師が子どもと同じ視線に立って「子性」を発揮することを意味しています。（この意味では両氏の「横糸論」は私の定義に照合すると「タテ糸」ということになります）それに対し，

第1章 授業づくりを学級づくりに昇華させる「タテ糸・ヨコ糸」―理論編―

> 私の「ヨコ糸」は「児童・生徒同士の人間関係上の繋がり」を意味すると定義づけています。

換言すると野中氏の「横糸論」は「教師の子どもに対する魅力的な刺激」であるのに対し、**私の「ヨコ糸論」は「子どもたちを繋げるための方法論」**ということになります。

ここまでを踏まえて、以下に持論を展開します。

2 タテ糸 ―教師が子どもに与える全ての刺激―

> 「教師が児童・生徒に対して与えるすべての刺激」を「タテ糸」と呼ぶことにします。

刺激であるからそれらは視覚、触覚、嗅覚、聴覚すべてに訴えかけることになります。当然児童・生徒にとって心地よい「正のタテ糸」もあれば不快な「負のタテ糸」もあります。

また教師自身が意識的に児童・生徒に与えるタテ糸もあれば、無意識のうちに与えてしまっているタテ糸もあります。

「正負のタテ糸」「意識的・無意識的のタテ糸」。これらの存在をまず教師は自覚しなければなりません。

では日々、教師が学校生活で児童・生徒に与える「タテ糸」には主にどんなものがあるでしょうか。列挙してみます。

(1) 教師の容姿

これは子どもたちに大きな第一印象を与えます。しかし、こればかりは生まれ持ったもの、いかんともしがたいものです。いわゆる擲果（てきか）

満車の「イケメン」や沈魚落雁の「美女」が大きなアドバンテージを持っているのは事実でしょう。しかし心配することはありません。大切なのは人間的魅力です。

　私のような醜男なら，実践やトークの面白さで子どもたちを魅了すればよいだけの話です。それゆえ教師は子どもたちを「あっ」と言わせる圧倒的な授業情報を持たなければなりません。

　逆にどんなに「見た目」が良くても，授業がつまらなければ3日で飽きられてしまいます。容姿の良さはあるに越したことはないですが，それだけに依存して子どもたちを惹きつけようなどとは甘い考えです。
（その意味では恋愛に似ているのかな？？？）

(2)　教師の声・話し方

　声は教師の大きな武器です。大きく分かりやすい声も必要ですが，時には優しく包みこむ言い方もできなければなりません。私は声の大きさには自信がありますが早口という癖を持っています。なかなか治りません。意識的に分かりやすい話し方をトレーニングしていかねばなりません。これは努力が必要な「タテ糸」です。

(3)　教師が醸し出す雰囲気

　これは言葉にするのは難しい。ゆえに雰囲気なのかもしれません。ただ，子どもたちから見て「この人，何か面白そうやなあ。一緒にいたいなあ」と思える雰囲気というのは，有効な「タテ糸」にすることができます。そのためには何でもよい，教師自身が魅力的な人生経験をしておくことが必要だと思っています。もしそういう経験がないのなら今から何かすればよいだけの話です。それらの経験は人間としての幅を拡げます。それは大きな度量となり，子どもたちに伝わることでしょう。

　私の尊敬する教師に金大竜先生がいます。彼は自分の苦手なことに

もガンガンチャレンジしていきます。だから子どもたちの前に立ち，「困難にチャレンジしていこう」と言えるのだと彼は言います。

その実行力があってこそ金先生は素晴らしい学級を創り上げておられるのです。子どもたちにとって魅力的な雰囲気を醸し出せる人生経験を重ねていきたいものです。

(4) 教師の特技

これも教師一人ひとりが違っているからこそ面白い。私の特技はラグビーですが，下手くそだけど少々ギターを弾いたりもします。どんなに中途半端でもよい，多少の技を持っていればそれらは子どもたちにとってはとてつもない凄い「秘技」に見えるものです。だから何でも「かじっておく」ことは大切なことなのです。なければ今から作ればよいだけの話です。

たとえば今はやんちゃ坊主たちとドッジボールやサッカー，野球などをします。バスケットボールも時々しますし，女子とならバレーボールもします。子どもたちは「先生，サッカーしてたの？」などとよく聞かれます。しかし全ては教師になってから子どもたちと遊ぶ中で身につけてきた技量なのです。子どもたちに教えてもらったといってもよいでしょう。いったん身につけた特技は教師にとって一生の宝となります。たくさん身につけたいものです。

(5) 教師の最大のタテ糸，授業

ここまでいくつかのタテ糸の要素を述べてきたのですが，何と言っても教師の最大の「タテ糸」は授業であるべきなのです。なぜか？ それは１年間の学校生活の中で，教師が子どもたちと最も時間＝人生＝生命を共有するのがこの授業時間だからです。

この時間がいつもいつも知的好奇心と意欲に満ちあふれているならば，教師にとっても子どもたちにとってもこんな至福の時間はありま

せん。何せ一緒にいる瞬間瞬間，子どもたちは力を伸ばし続け，教師はそのやり甲斐に燃えることができるからです。

　授業で「タテ糸」を紡ぐのは主に次の3種類の授業です。

① 面白い授業
② 分かる授業
③ できるようになる授業

　そして経験則であるが，①→③の順番に信頼関係はより強く構築されていくようです。

　①の「面白い授業」。これは比較的ネタの収集も楽でしょう。書店の教育書コーナー，DVD，インターネット，セミナーへの参加などから集めることができます。しかしこの収集量は1ヵ月程度で枯渇してしまうような量では話になりません。学級経営は1年間の長丁場です。せめて一日一つ，子どもたちに「面白い！」と思わせるようなネタをぶつけてみたい。そのためには最低でも数年間はかかります。時間も費用ももちろんかかりますが，教育のプロフェッショナルとしてその程度の「投資」は当然です。

　②の「分かる授業」。これは名だたる講師の直伝が一番です。最も有効なのはセミナーへの参加です。講師の語りや仕草までをライブで学べます。書籍は所詮文字という記号の羅列です。本を読み授業に活かすというのは，その記号を自分の経験とつなぎ合わせて再構成する営みのことです。よってそのイメージは自分の経験を越えることはありません。つまりその著者の語りや授業を直接見ないうちは，ホンモノの授業をイメージできないのです。

　セミナーに参加すれば書籍だけからでは伝わらない言い回しやニュアンスもかなり具体的，緻密に学ぶことができます。最低1ヵ月に1

第1章　授業づくりを学級づくりに昇華させる「タテ糸・ヨコ糸」―理論編―

回はどこかのセミナー会場に足を運びたいものです。

　③の「できるようになる授業」。実はこれが一番難しい。つまり，それまでに学んだ教育技術を子どもが実際に答えを出すまで使いこなすということです。これには熟練を要します。別の言い方をすれば数知れぬ失敗を繰り返して初めて到達できる境地であると言えましょう。①，②の授業情報を収集する傍ら，この修行も続けていく必要があります。しかし，そのような過程を経て身についた技術は揺るぎない効果を発揮し，揺るぎない信頼関係を構築することになるでしょう。

　さて「タテ糸」となりうる要素をいくつか挙げてきました。もちろん，この他にも子どもたちを惹きつけることができる「タテ糸」の要素は，あまたあることでしょう。それらは，たくさんあった方がよい。まずはそのような魅力＝武器をたくさん入手しなければ話にならないのです。

　そうしてこれら「タテ糸」の中から「負」なるものを極力排して「正」なる「タテ糸」を抽出して子どもたちにぶつけるのです。それらは子どもたちにとって心地よい「魅力」となり，子どもたちの興味関心を喚起することになります。そして「この先生の言うことなら聞かないと損するな」「この先生にならついていこう」という思いを抱かせることになるのです。いわゆる知的権威の確立です。

　こうなると以後の教師の指導言は実に効果的に子どもたちの中に「落ちて」いきます。それがたとえ奇をてらったわけでもない普通の指導言であってもどんどん子どもたちの中に吸収されていき，授業づくり，学級づくりに大きな効果をもたらすことになるのです。

3　ヨコ糸 —児童・生徒同士の人間関係上の繋がり—

> 「児童・生徒同士の人間関係上の繋がり」を「ヨコ糸」と呼ぶことにします。

当然このヨコ糸にも「正のヨコ糸」と「負のヨコ糸」があります。学級をうまく機能させるには当然「正のヨコ糸」を紡がなくてはなりません。「正のヨコ糸」それは換言すれば「この仲間と学び合って良かった！」と思える実感です。

よく「いつヨコ糸を紡ぐのですか？」という質問を受けることがあります。今なら私は迷いなく次のように答えるでしょう。「朝来て夕方帰るまでの全ての局面です」と。

たとえばほめ方一つをとってもヨコ糸を意識することが可能です。

賞賛に値する子がいたとします。その時，教師がほめることはタテ糸を紡ぐことになります（下のA図）。しかし，「〇〇君の立派なとこ

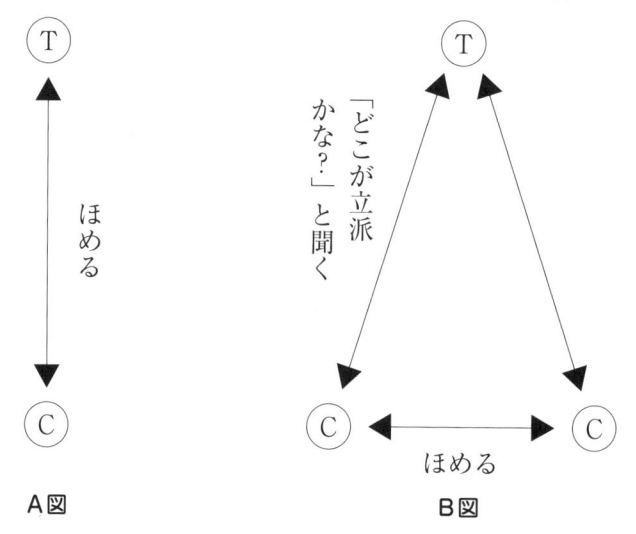

第1章　授業づくりを学級づくりに昇華させる「タテ糸・ヨコ糸」―理論編―

ろはどこかな？」と聞くと，タテ糸だけでなく子ども同士のヨコ糸を紡ぐことになります（26頁のB図）。

　子どもをほめるチャンスは1日にいくらでもあります。となれば，1年間で200回以上はヨコ糸を紡ぐチャンスに恵まれているということです。残念ながら，この視点のない教師は学級づくりのチャンスをみすみす逃していることになります。1年間終わって学級づくりに大きな差があるのは，実はこのような地道な「指導」の差なのです。

3 学級づくりも同時にできる
　　「タテ糸」と「ヨコ糸」を紡ぐ授業へ

1　授業づくりは学級づくり

　授業づくりは教師にとって大切な仕事です。学力形成のためにあれこれ手をつくし子どもたちに力をつけます。教育のプロとしてその研究に全力を傾注するのは当たり前です。
　書店に行けば，有名な実践家の授業プランや授業記録なら山ほど出版されています。それらを読み，時にはDVDなどの映像やライブのセミナーに学びます。日々学級で追実践して失敗につぐ失敗，そうする中で少しずつ効果的な指導技術を身につけていくのです。
　しかし，それだけでは単に「授業屋」に過ぎません。目の前にいるのは子どもです。人間です。その子どもたち相互の良き人間関係を構築していく営みこそ学級づくりに他なりません。

> 「この仲間と学び合えて，賢くなれて良かった！」

　そういう実感を，授業という知的な営為を通じて体感させていくことが，「授業づくりは学級づくり」というテーゼ実現のための要諦です。
　「このクラスの子どもたちにとってその授業はあった方が良かったのか？」このことを常に自問自答しながら日々の実践にあたるのです。そうすると，足りない，拙いところが浮き彫りになってくるはずです。
　「あの子は友達の発言を聴いていなかったな」「この子は友達の意見を糧にしていないな。この場にいなくてもよかったんだな」「ここで本当にあの子の意見を聴いていたのか確認していなかったな」などと

第1章　授業づくりを学級づくりに昇華させる「タテ糸・ヨコ糸」─理論編─

いう反省が瞬時に湧き上がるのです。その時にとっさに対応策を講じなければなりません。

　具体的な実践は，第2章の実践編で書いたのでお読みください。

　この理論編の最後に同じ「タテ糸＝ネタ＝題材」でも，「ヨコ糸」を意識することで全く違った授業になるという例を次に示しておきます。

2 「コウ」という読みの漢字は？ ─授業の実際例─

　漢字の指導で音読み，訓読みの区別を学習した後に，よくこのような問いを出すことがあります。グループ対抗でやらせると大いに盛り上がります。

　まずは「タテ糸」のみの授業を紹介します。

(1) タテ糸のみの授業

発問　「コウ」という読みの漢字にはどんなものがありますか？

指示 1　できるだけたくさんノートに書きなさい。

　3分程したら作業をやめさせます。そして「全員起立。今からノートに書いた漢字を発表してもらいます。自分の書いたものが全て出尽くしたら座りなさい」と指示し，答えを出させます。教師は全て板書していきます。たとえば「校・港・綱・候……」などが出されるでしょう。

　もちろんここで子どもたちに板書させてもよいでしょう。

　一通り出尽くしたら次のように指示します。

指示 2　自分が思いつかなかった答えをノートに全て写しておきなさい。

この授業で子どもたちは「コウ」という読みの漢字を自分が思いついた他にもたくさん知ることができます。知識を増やすことができます。だからこれはこれで授業としてはやらないよりは，やった方がマシということになるでしょう。
　実際これだけでも子どもたちは「ああっ！　そうか！　その字があったか！」などとつぶやいています。子どもたちの意欲を喚起したのは間違いありません。

　しかし何と無味乾燥な授業でしょうか。こんな授業なら別に教室でやらなくてもよい。プリントに問題だけ書いておいて，宿題にすればよいだけのことです。
　次に「タテ糸」と同時に「ヨコ糸」を紡ぐ授業を紹介します。

(2)　タテ糸とヨコ糸を紡ぐ授業

発問1　「コウ」という読みの漢字にはどんなものがありますか？

指示　1　できるだけたくさんノートに書きなさい。

　ここまでは全く先ほどの授業と同じです。が，ここからヨコ糸を紡ぎ始めます。3分程したら次のように指示します。

指示　2　いくつ書けましたか？

　おそらく10個前後と思われます。その個数をノートの端っこに記録させておきます。

指示　3　次に隣どうしで，どんな答えが出たか見せ合いなさい。自分が考えつかなかった字があったらどんどんメモし

て答えを増やしていきなさい。終わったら，他の相手を見つけてどんどん答えを教え合っていきなさい。時間は5分間です。

そして答えを教え合うときは必ず「よろしくお願いします！」で始まり，「ありがとうございました！」で終わることを決めておきます。

この後時間がきたら席に着かせ，先ほどの授業と同じように教師なり，子どもなりが黒板に書いていきます。（テンポよく行うためには教師が次々板書していった方がよいでしょう）
一通り出尽くしたら，次のように指示します。

発問2　「コウ」という読みの漢字にはどんなものがありますか？

指示 4　できるだけたくさんノートに書きなさい。

先ほどと違って子どもたちの鉛筆を走らせる音が違うはずです。
時間がきたら再び次の指示を出します。

指示 5　いくつ書けましたか？

多い子なら20個は優に超えるはずです。おおむね1回目と比べて2倍以上の伸びを示すはずです。クラス全員の個数をたずね，「一つでも伸びた人？」と聞きます。全員の手が挙がるはずです。

発問3　なぜ，みなさんは，わずかな時間で知識を数倍に増やすことができたのですか？

「友達と答えを教え合ったから」という答えが出たらこの授業は成功です。次のようにまとめるとよいでしょう。

「この問題を，もし一人で家でやっていても大した点数は取れませんね。でも学校に来て，みんなで考えて教え合えばあっという間に賢くなれるよね。これが教室でみんなと学び合う意義なんですよ。自分のことを賢くしてくれる友達を大切にしようね」
　そうしてもう一度起立させて部屋の中央を向かせます。そして「ありがとうございました！」と一斉にお礼を言って授業を終えます。

　この二つの授業の相違は明確でしょう。
　もとは「コウ」という読みの漢字を書かせるだけのネタです。しかし，ヨコ糸を紡ぐことを意識すれば，二つ目の授業のような指導言を意識的に用いて授業を行うことになります。
　これは別に奇をてらった授業ではありません。普段の授業もヨコ糸を意識するだけでまったく違った指導言，構成になってくるはずです。

　教師はあまりに多い学習内容に追い立てられ，どうしても「消化試合」的な授業運営になりがちです。実はその授業１時間１時間に子どもたちを緻密に繋いでいくチャンスが満載なのにです。
　「まえがき」でも述べましたが，単なる「消化試合」なら大した専門性はいりません。大学生程度の知識があれば十分でしょう。しかし，我々教師は何故「専門職」なのか？　ここを一人ひとりの教師が自らに問い直し，ストイックなまでの修行をすることが不可欠になるのです。

　年間1000時間ほどの授業で，「ヨコ糸」を意識した学級とそうでない学級とでは，１年間で子どもたちの繋がりはどう違ってくるでしょうか？　今後の実践と研究に期待したいと思います。

第2章
授業づくりで学級づくり
―実践編―

新年度に担任を拝命し，子どもの前に立つ。
実はその瞬間から「タテ糸」「ヨコ糸」紡ぎはスタートしています。
第2章では，4月の授業開きにスタートし，
徐々に子どもたちをペースにのせて「学級集団」へと
高めていくのに役立つ実践の数々を紹介しています。
是非お試しください！

1 国語科授業でこう学級を創る

実践 0 子どもは漢字が大好き！
― 強力なタテ糸の威力！―

　ある年の始業式の日のことである。
　昨年度6年生を担任していた私には始業式の日の時点で，担当の学年がない。（私の勤務校では，基本的に担任発表までは前年度の担任教師が旧年度担任した子どもたちの管理をすることになっている）
　しかし新年度に転勤する教師の学年が人手不足となるので，私は急遽，新2年生のクラスを始業式までの30分間担当することになった。
　「まあ，わずか30分間だ。少々怖い顔をすれば大丈夫だろう」そう思って新2年生のクラスに入った。すると，クラス替えを終えたばかりの子どもたちは席に着くどころか，教室内を走り回っている。隅っこでは喧嘩しているし，こっちの隅では女の子が泣いている。

　「まさに烏合の衆だなあ」そう思って教壇に立つと私は叫んだ。「はいっ，今すぐ席に着きなさい！」するとびっくりしたのかほとんどの子どもたちは席に着いた。「始業式までの少しの時間ですが，静かに待ちましょうね」と優しく話してみた。子どもたちは数分の間だけじっと静かにしていたが，だんだんざわざわし始めた。そして5分もするとまたまた大騒ぎの教室になってしまったのである。
　私は先ほどよりも少々大きめの声で「はいっ！　静かにする！」と言ってみた。しかし，静かになるのはほんの僅かな間だけでまたまた騒然となってしまうのである。
　遂に私は「静かにしろ！　少しくらいの間だ我慢するのだ！」と一喝した。しかし結果は同じ。何とタフな2年生の子どもたちか！
　この時私は思った。

「これってプチ学級崩壊だよなあ」
そう思うと教師としての使命感がメラメラと湧き上がってきた。

「ようし！　授業しかないな！」
私はこの状況を打開するには授業するしかないと思い立った。そして黒板におもむろに板書した。とびっきり大きい字で。

牛

「これ何て読むの？」と一番前の男の子に話しかけてみた。横を向いてお喋りしていたその子は黒板の字を認めると、「『うし』だよ！　知ってるモン！」と得意げな顔。

「ようし。じゃあ，これは？」と続けて板書。

虫

「『むし』だよ！　簡単だよ！」とその男の子。
すると，気がつくと前にいた子どもたちがほとんど黒板に注目し始めた。
「おおっ！　黒板の威力は凄いなあ！」
そう思って続けて次の問題。

蝸牛

さすがに今度は「う〜ん？」と首をかしげている。
「先生，何それ？」と質問が出たので「ヒントだよ。虫の仲間です」と答えた。
すると先ほどまで隅っこで喧嘩していた男の子が，「かたつむり？」と答えたのだ。
「そう！　そのとおり！　何で知ってるの？」と聞くと，「だって『蝸』の字がかたつむりの殻に似てるから……」と答えたのだ。何と感覚的な答え，低学年はすごいなあ，と感心しながら次の問題。

蚯蚓

「これは『みみず』だよ！」と教えてあげると，「へえっ！ 面白い！」と子どもたち。その時点で2年生のそのクラス30名あまり全員が授業に参加しているではないか！ 何人かは連絡帳にメモをしている。

「ようし！ まだまだこれからだぜえ！」と思って次の問題に移ろうとしたときである。

校内放送が聞こえた。始業式の準備が整ったので子どもたちを引率して体育館へ入ってくれとのことであった。

「はいっ。残念だけど授業はここまで。すぐに廊下に並んでね！」と言うと，あの「烏合の衆」がさっと整列したのだ！

並んで先頭にいると後ろのほうでふざけているのがいた。

「おい！ ちゃんと並べ！」と言うと，ビシッと並ぶのである。

そのまま私は体育館へ引率し，担任発表まではその列の横に立っていた。

先ほどの子どもたちはずっとこちらを見ている。たぶん私を新担任だと思ったのではないだろうか？

その後私は6年担任となったため，2年生の子どもたちに「じゃあねえ！ がんばってね！」と言って6年生の方へ移動した。

そのときの子どもたちの表情が忘れられない。

私はほんの数十分間ではあるが，授業で学級づくりを行ったのである。このときは改めて思った。「漢字って何年生でも夢中になるんだなあ。そして子どもを惹きつけるネタ＝タテ糸はたくさん持っていた方がいろんな状況に対応できるな」と。

タテ糸の力は特に新学期の時点で大きな威力を発揮する。そう実感した瞬間であった。

さて，ここからはその後担任した6年生はもちろん，主に中学年以上のクラスで大きな威力を発揮した実践の数々である。

実践1 一番画数の多い漢字は？
― 「漢字クイズ」でタテ糸を紡ぐ ―

子どもたちの多くは，「漢字クイズ」に知的好奇心を示すものだ。特に授業開きの時期に手っ取り早く子どもたちを惹きつけるのに絶好のネタがある。

発問1　一番画数の少ない漢字は何でしょうか？

答えは「一」と「乙」である。中学年以上なら「一」は簡単に出てくるが，「乙」はなかなか出てこない。ここは誰か一人を指名して発表させるとよいだろう。

できれば「乙」がつく言葉にはどんなものがあるか聞いてみても面白い。「乙女」くらいは教えておきたい。続いて次の問いに移る。

発問2　一番画数の多い漢字は何でしょうか？

小学生にはこれは難問である。「頼」などは16画なのだがこれでもなかなか多い方である。思いついた子に発表させて板書していく。一通り出尽くしたら一番多い画数を確認する。「すごい！　16画か！大したモンだ！」と大げさにほめてあげるとよい。

そこで答えの発表である。

「これは『テツ・テチ』と読みます。意味は『言葉数が多いこと』だそうです。でも64画とはすごいですねえ！」と説明する。

子どもたちはびっくりしてメモを取っている。大人でもなかなか知らないネタである。これは受ける！

37

そこで追い打ちをかける。
「実はね。もっと凄いのがあるんです！」
子どもたちは「ええっ！」と先ほどよりももっと驚くはずである。この時点で集中していない子はいないはず。そう。これが「タテ糸」の威力である！
「みんなは次の字を知っているかい？」と聞く。

畑　　峠　　鮃

知っている子に答えさせるとよい。答えは左から「はたけ」「とうげ」「ひらめ」。「これらは漢字だよね？　でも普通の漢字とは違うのです。何か分かるかな？」と聞く。答えは「国字」である，ということである。

「『漢字』というのはどこの国で作られた字か知っている？」と聞く。答えは「古代中国の殷という国」であり，「中国で作られた字が日本に伝わってきた」ことを簡単に押さえる。「でもね。日本人は伝わった漢字をもとに日本人が意味を理解しやすいように別の字をたくさん作ったのです。それらの字を特に『国字』と言います」と伝える。

ここでやっと先ほどの漢字クイズに戻る。

「実は日本人が考えた国字なら84画という字があるのです」

「読みは『たいと』と読み，人の名字だそうです」「へえっ！」と子どもたちが驚く。

「でもこんな名字だったら，テストの時なんて大変だろうね」というと大笑いになる。

第2章　授業づくりで学級づくり―実践編―

　しかし，いったいどんな経緯でこんな字が完成したのだろう？　大人にとっても実に興味深いネタである。子どもたちはこうなるともう完全に教師に惹きつけれているはずである。
　しかし，佳境はここから！
　「実はねえ……」と言うと「ええっ？　まさかもっと多いのがあるの？」と子どもたち。
　「そう。最近発見したのです！」と言って次の字を板書する。

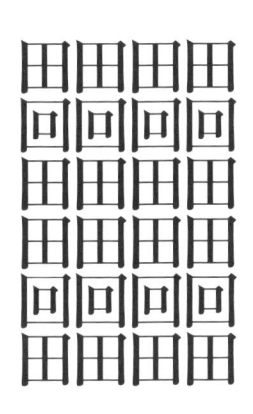

「読みは『ビョウ』と言います。意味は『雷がなる音』のことだそうです。128画あります！」
　こうなるともう「呆れて言葉も出ない」状況になる。完全に子どもたちは「漢字ワールド」へ引き込まれているはずである。

　ここで話ついでに他の画数の多い「国字」の紹介をするとよい。

　左から「おういちざ」「いわくら」と読むことを教える。このような字はもちろん辞書などには載っていない。でも，何と日本人は遊び心を持っているのだろうと嬉しくなってしまう。

実践 2 外来語の漢字
―「漢字クイズ」でタテ糸をさらに紡ぐ―

中学年以上ならこの授業は引き続きウケるはずである。第1時にさらに楽しさを上乗せして、知的権威の確立を図るのだ。

黒板に次のように板書する。

亜米利加

これはまずまず簡単。そう、亜米利加である。「アメリカのことを『米国』といったりするでしょ。漢字で書くとこうなるからなのね」と説明する。

6年生なら次のように話を続ける。

「江戸時代までは日本は鎖国していたのね。だから外国語なんて多くの庶民は知らなかった。でも明治になって開国され、たくさんの外来語が伝わった。そこで早く国中にこれらの知識を広めるために漢字で『よみ＝音』をあてたのね」

そういって次々国名漢字を板書していく。

英吉利　　仏蘭西　　独逸

左から「イギリス」「フランス」「ドイツ」。この程度なら読める子もなかなか多い。しかし、次の漢字になると分からなくなる。

諾威　　秘露　　埃及

第2章　授業づくりで学級づくり―実践編―

　答えは左から「ノルウェー」「ペルー」「エジプト」。「エジプト」を出題する際に「金字塔」「木乃伊」などとヒントを出すとよい。正解は左より順に「ピラミッド」と「ミイラ」である。

　ここまでは国名編。次は他の様々な外来語を紹介する。

洋袴　　　木栓　　　卓子

燐寸　　　扁桃

　答えは左上から順に「ズボン」「コルク」「テーブル」「マッチ」「アーモンド」。アーモンドは「扁桃腺」という言葉と繋がる。
　「このように外来語の漢字は国名の様にそのまま読むと分かるものもありますが、漢字の意味を考えると分かるものも多いですね」と締めくくる。

　この時点で子どもたちの中には自学などでいろいろな外来語の漢字を調べて来る子が出てくる。そのノートなどを掲示したり、それらの中からクラス全体にいくつかクイズ形式で出題すると盛り上がる。

実践 3 「粉」の話
―「国字の話」でタテ糸をさらに紡ぐ―

「あれども見えず」を「見える」状態にするのも授業に大切な機能の一つである。「そうだったのか！」と思えた瞬間に，子どもたちは知的好奇心をメラメラさせるからである。

次の字を板書する。

粉　3年生でも「こな」と読めることは知っているはずである。「こな以外に他の読み方はありますか？」と聞く。高学年なら「コ」「フン」「プン」が出されるであろう。

そして「実はもう一つ読みがあるのです」と伝える。子どもたちは「何だろう？」という顔をしている。

ここで別の字を板書する。

立　「これは何て読む？」と聞くと「たつ」「リツ」と答えが返ってくる。「実はね……」といって「リットル」と板書する。

「じゃあこれは？」といって次の字を板書する。

竏　「リットルの千倍なので『キロリットル』と読みます」と伝え，順次次の字を板書していく。

粨　竍　竕　糎　竓

左から「ヘクトリットル」「デカリットル」「デシリットル」「センチリットル」「ミリリットル」であることを伝える。

つまりこれらの漢字はメートル法の概念を基本に，次のようになっているのである。

【立（リットル）の場合】

キロ　ヘクト　デカ　デシ　センチ　ミリ
竏　竡　竍　竕　竰　竓

ここで次の字を板書する。

米　これは「メートル」と読めることを教える。次に先ほどの「リットル」に即してまとめてみる。

【米（メートル）の場合】

粁　粨　籵　□　糎　粍

ここで□にどんな字が入るか考えさせる。答えは何と「粉」になる。つまり「粉」のもう一つの読みは「デシメートル」なのである。

この他「瓦」は「グラム」と読み，瓩（キログラム）などの読みがあることを教えてもよい。

実践 4 外来語の漢字で楽しく友達と学び，伸びる
―タテ糸とヨコ糸を同時に紡ぐ―

46頁にあるテスト問題を配る。第1～2時で扱った外来語が問題である。何もヒントを与えず「1回目」にチャレンジさせてみる。もちろん21点満点で3点とれたら上出来！　という結果になる。

ここで自分の低得点を自覚させる。次いで答え合わせをする。その答えを1回目の答案用紙に記入させていく。

その後，その解答を3回ほど音読させる。そして次のようなゲームの説明をする。

「2人ペアで行うゲームです。ジャンケンして勝った方から，1から順に漢字を音読していきます。最高三つまで。最低でも一つ読みます。これを交代で行っていき，最後に21番目の漢字を言った方が負けです」

いわゆる「21でドボン」というゲームである。

これを5分程度の時間でできるだけたくさんの仲間と勝負させる。もちろん勝負が問題ではなく，漢字と読みを対応させて読ませることが肝要である。

時間がきたらもう一度音読させる。そして2回目のテストを行う。

今度は1回目よりはるかに良い点数を出せるはずである。点数を記入させ，1回目の点数と比較させる。自分の伸びに驚くはずである。

ここで次のように問う。

> **発問**　わずか十数分で点数が数倍にアップしました。なぜでしょうか？

子どもたちからは「何度も繰り返し読んだから」「友達と楽しくゲー

ムをしながら覚えたから」という答えが出されるであろう。ここで次のように言う。

「このように繰り返し友達と楽しく学ぶだけでみなさんは知識量をあっという間に数倍にも伸ばせるのです。だからお互いを賢くしてくれる友達や反復する努力を大切にしていきましょうね」

「ドリル」学習の大切さを説くと同時に「友達と楽しく繋がることの有効性＝ヨコ糸の重要性」をも印象づけることのできる実践である。

是非お試しいただきたい。

難読漢字テスト① 1回目

1　珈琲　（　　　　　）
2　酒精　（　　　　　）
3　麦酒　（　　　　　）
4　火酒　（　　　　　）
5　曹達　（　　　　　）
6　肉汁　（　　　　　）
7　麺麭　（　　　　　）
8　雲呑　（　　　　　）
9　牛酪　（　　　　　）
10　乾酪　（　　　　　）
11　鳳梨　（　　　　　）
12　扁桃　（　　　　　）
13　甘蕉　（　　　　　）
14　洋袴　（　　　　　）
15　木栓　（　　　　　）
16　卓子　（　　　　　）
17　刷毛　（　　　　　）
18　手巾　（　　　　　）
19　釦　　（　　　　　）
20　燐寸　（　　　　　）
21　風琴　（　　　　　）

　　　　　　　　　　　　　　点

難読漢字テスト① 2回目

1 珈琲 （　　　　　）
2 酒精 （　　　　　）
3 麦酒 （　　　　　）
4 火酒 （　　　　　）
5 曹達 （　　　　　）
6 肉汁 （　　　　　）
7 麺麭 （　　　　　）
8 雲呑 （　　　　　）
9 牛酪 （　　　　　）
10 乾酪 （　　　　　）
11 鳳梨 （　　　　　）
12 扁桃 （　　　　　）
13 甘蕉 （　　　　　）
14 洋袴 （　　　　　）
15 木栓 （　　　　　）
16 卓子 （　　　　　）
17 刷毛 （　　　　　）
18 手巾 （　　　　　）
19 釦　 （　　　　　）
20 燐寸 （　　　　　）
21 風琴 （　　　　　）

　　　　　　　　　　　　　　点

難読漢字テスト　解答

1　珈琲　（　コーヒー　）
2　酒精　（　アルコール　）
3　麦酒　（　ビール　）
4　火酒　（　ウイスキー　）
5　曹達　（　ソーダ　）
6　肉汁　（　スープ　）
7　麺麭　（　パン　）
8　雲呑　（　ワンタン　）
9　牛酪　（　バター　）
10　乾酪　（　チーズ　）
11　鳳梨　（パイナップル）
12　扁桃　（　アーモンド　）
13　甘蕉　（　バナナ　）
14　洋袴　（　ズボン　）
15　木栓　（　コルク　）
16　卓子　（　テーブル　）
17　刷毛　（　はけ　）
18　手巾　（　ハンカチ　）
19　釦　（　ボタン　）
20　燐寸　（　マッチ　）
21　風琴　（　オルガン　）

実践 5　おもしろ音読で楽しいムードを高める
―声出しでタテ糸を紡ぐ―

　板書をしてプリントをしているとその学習形態に飽きてくるはずである。ここいらで大きな声を出し，楽しいムードを高め，クラスの一体感を創り出すのが有効である。
　そのためには次ページにある音読シート「音読教材①」を使う。
　しかしこれは最初から子どもたちには配布しない方がよい。教師が「範読」した後に「連れ読み」させると，よいテンポで笑いが生まれ，一気に明るいよい雰囲気が出来上がる。
　これにはいくつかバージョンがある。

「王将の作法」編……知る人ぞ知る餃子の王将のオーダー用語を音読するというもの。かなりマニアックだが，王将でこの用語で頼むと店員さんと良いコミュニケーションがとれることが多い。まさに「コミュニケーション能力の素地を養う」「小学校王将活動⁉」の授業展開が可能になる！

「漫才編」……先生と子どもたちで音読すると自然に漫才やコントのネタになっているというもの。ペアを作らせて子どもたち同士で音読させるのも面白い。

　特に新学期は声を出してムードを作るのが手っ取り早い。国語科授業では知的で明るい学級づくりに使える教材がいくらでも作成可能である。

音読教材①

（家庭編）
おはようございます。
こんにちは。
こんばんは。
いってきます。
ただいま。
いただきます。
ご馳走様でした。
お休みなさい。
お風呂になさいますか、それともお食事になさいますか。

（商売編）
いらっしゃいませ。
まことに申し訳ございません。
本日は午後7時までの営業となっております。
なお、開店は明日の午後6時となっております。
1時間だけの営業かい！
次は東京〜東京〜。
東京の次は新横浜に止まるかも。
ご注文は何になさいますか？
ご一緒にポテトなどがいかがですか？
ワンコーラ ワンチーズバーガー プリーズ。
ご注文を繰り返します。アイスコーヒーがおひとつですね？
お待たせ致しました。ご注文の品は以上でよろしかったでしょうか？
どんなカットになさいますか？
ケントデリカット。
お弁当を温めましょうか？
アイスクリームを温めましょうか？
わさびを抜いてください。
はい、オーダー通します。
柳ガイ、コーテルガリサン。
イエス！ 高須クリニック。
雪解け〜 間近の〜 北の空に向かい〜
どこほっつき歩いてるの？
おやすみません。
お前にはまだ早い〜！

王将の作法

【挨拶編】
おはようございます。
いらっしゃいませ。
ありがとうございました。
誠に申し訳ございません。
ご注文は何になさいますか。
ご注文の品は以上でよろしいでしょうか。

【王将に食べに行ったら】
ギョウザ用の皿は2枚目から使うべし。
満席の場合は、用紙に名前と人数を記入すべし。
カウンター 1人 いけますか？
テーブル 3人 いけますか？
座敷 6人 お願いできますか？
ギョウザを2人前 お願いします。
すみません。お冷やをいただけますか？
すみません。焼きめし 1人前 お持ち帰りでお願いします。
すみません。お愛想をお願いします。
ありがとうございました。とてもおいしかったです。

【注文編】
ギョウザが2人前
ギョウザが2人前 お持ち帰りで
ギョウザが2人前 お持ち帰りで 至急
ラーメンが3人前
焼きめしが1人前
鶏の唐揚げが1人前
焼きそばが2人前
ニラレバ炒めが2人前
野菜炒めが1人前
コーンスープが1人前

コーラ ヒトツ
コーラ ヒトツ ホット
コーラ ヒトツ ホット カタメ
ヤナギ サン
ソーメン イー
エンザーキー イー
ソーメン リャン
ソーチューカレン リャン
ソーベイツァイ イー
マンプー イー

音読教材②

（つっこみ編）
なんでやねん
ちゃうやろ
お前は（　　　　）かちゅうねん

（漫才編）
最近朝晩寒くなってきたね
ほんまやね。
寒い、寒い、どんくらい寒いかちゅうとね、今朝なんか学校行こうと思って家の戸開けたら家の前、霜だらけ。
くえぇ、それは寒そうやね。。そうそうはちゃうねん朝学校行こうと思って家の戸開けたら家の前ペンギンだらけ。
そんなはずはない。君とはやっとられんわ。
（全）ありがとうございました。

（新喜劇編）
私が駐在の安尾ですが？
こら聞かれても
ああ、私が駐在の安尾です。
そう、それでええねん。
みなさん、お元気です。
そこは「か」いるやろ。
ああ、お元気ですか？
そうそう。
今日、私はパトロールにきにに来たのですが？
こら聞くなちゅうねん。
ああ、パトロールにきにきたのですが
そうそう、「点々」つけなあかんね。
ああ、「点々」ね、みなさんパパにあかこおどいはぎませんでしたか？
全部に「点々」つけどうすんねん。
こら、君もうとるがな。

実践 6 音読の力を伸ばす
―タテ糸からヨコ糸へ―

　音読の力を伸ばしたい！　教師なら誰もがそう願うであろう。しかし，なかなか子どもたちは感情豊かに音読をしようとはしない。特に高学年ともなればなおさらであろう。
　ある教師は言う。「高学年になると恥ずかしさが出てきて読まなくなるものよ」
　こんな「暴論」を許した時点で教育は，指導は惨敗。敗北である。高学年といえば小学校で一番何もかもが上手なはずである。ところが多くの学校では学年があがるにつれて声を出さなくなる。表現を意識した大きな声の音読など夢のまた夢である。
　なぜ子どもたちは声を出さないのだろう。私の尊敬する金大竜先生はこう言う。
　「子どもはね。ルールとか教師の言うことに従うんじゃないんですよ。ムードに従うんですよ」
　けだし名言である。
　音読しないというのなら，そのムードを高めてやればよいのだ。面白おかしく，そして仲間と認め合って「音読大好き！」というムードを高めよう。

『走れ　メロス』（太宰治）を使って
　まずはこのネタで勝負。言わずと知れた太宰治の名作であるが，この小説の冒頭の部分で，暴君ディオニスとメロスの次のようなやりとりがある。（青空文庫をもとに台本化した）

> 暴　　君　「この短刀で，何をするつもりであったか？　言え！」
>
> メロス　「市を暴君の手から救うのだ。」
>
> 暴　　君　「おまえがか？」「しかたのないやつじゃ。おまえなどには，わしの孤独の心がわからぬ。」
>
> メロス　「言うな！」「人の心を疑うのは，もっとも恥ずべき悪徳だ。王は，民の忠誠をさえ疑っておられる。」
>
> 暴　　君　「疑うのが正当な心がまえなのだと，わしに教えてくれたのはおまえたちだ。人の心はあてにはならない。人間は，もともと欲のかたまりさ。信じては，ならぬ。」

　一通り連れ読みで「台詞」を確認する。その後教師は「だれか私と会話してみませんか？　俳優になったつもりで！」とパートナーを募る。
　だいたいやんちゃ坊主が立候補するだろうから，すかさず当ててみる。
　教師とその子とで迫真の演技を見せるのだ。これはなかなか受ける。「やってみたい！」という子が増えるので，今度はやる気のある２人を前に出してやらせてみる。
　日ごろ叱られっぱなしのやんちゃ坊主が大活躍する。これは新しい船出したばかりのクラスには大きな推進力となりうる。

　終わったら，教師と子ども全員でやってみる。その後クラスを２つに分けてＡ・Ｂチームで役割を入れ替えてやらせてみる。

大きな声で感情を入れて音読するのが楽しい！　というムードが出来上がるはずである。

音読グループ相互評価

音読を恥ずかしがらずにやろう！　というムードが出来上がったら，次はグループで音読に取り組ませる。題材は教科書でも先ほどのメロスのような「台本」でもよい。一文ごとに分担を決めさせてもよいし，グループ全員で読んでもかまわない。

たとえば教科書の文章のある部分を指定する。まずその部分を全員で読むとよい。

「今，読んだところには文がいくつありますか？」と問う。「。」の数を数えればよいことを教える。「六つです」と答えが出たら，「その文の頭に①～⑥の数字を打ちなさい。そしてグループで分担を決めなさい」と指示する。

その後5分程度の練習時間を取り，いったん席に着かせる。「では前に出てやりたい！　というグループからいきましょう！」と言って意欲あるところから前に出て音読させる。

聞く態度をきっちり指導する

初めからうまくいくはずはない。でも最初にやってやろう！　という意欲は大いにほめてあげなければならない。

一通り発表が終わったら全員で拍手をして称える。その後，次のように問いかける。

> 「今の音読を聞いて『すごいなあ』『うまいなあ』『マネしたいなあ』と思ったことはありませんか？」

聞いていた子に言わせる。「○○君は心をこめて音読していまし

た」「△△さんは表情豊かに読んでいました」というようなことでかまわない。まずは友達の良かったと思う所を次々言わせていく。

　そのうちに教師が「こう読ませたいなあ」と考えている観点「間の取り方」「声量」「抑揚」などを指導する。

　その後，音読相互評価をする際には今度は子どもの方からその観点を引き出すようにしていく。たとえば「○○君は抑揚の取り方が素晴らしかったです」という具合にである。すると後に続くグループの子どもたちはその観点を取り入れて練習，発表することになる。

　全てのグループ発表が終わったら次のように子どもたちに言う。

　「みんなで学び合うとどんどん音読が上手くなっていくね。みんなで学び合って良かったね」

　この過程は子どもたちのヨコ糸を確実に紡いでいくことになる。授業後に子どもたちの表情が明るくなることに気づくであろう。

　さて，相互評価の際に挙手や発表をしない子がいたら，「今手を挙げていない人は友達から何も学ぶことがなかったという人です」と突っ込む必要がある。それでも反応がないのなら次のように言う。

　「あなたたちは最初に度胸を据えて前で音読できなかったではないか？　せめてその勇気だけでも学ぶべきだ。さあ，もう一度聞く。学んだことはありませんか？」この程度は追いつめていく。このくらいやって初めてクラス全員の手が挙がるようになる。

　一緒に賢くなろうという友達が一生懸命前で音読しているのに対し，何の反応もしないなど考えられない。「感想」というのは「感じて」「想う」ことだ。何も感じず，想わないというのは「寝ていた」か「日本語が理解できない」か「できるのにしない」かのいずれかである。楽しくやる中にも教師は子どもの甘え，怠惰を許さない厳しさを持たねばならない。

第2章 授業づくりで学級づくり―実践編―

実践7 暗唱教材で達成感を!
―ヨコ糸を紡ぐリード式記憶法―

　暗唱がブームである。暗唱そのものが脳を活性化させることが研究で明らかになったせいもあるだろうが，暗唱教材そのものが子どもを集中させる魅力を持っていると言える。今や暗唱教材だけでもあまたあり，またその気になれば教科書の数ページを暗唱させればよい。

　しかし，ここは知的なハイレベルな内容を覚えさせたい。私の場合「法律編」である。日本国憲法はもちろん，刑法や民法などいわゆる六法に及ぶまで幅広く暗唱させる。

　「そんな難しい文章は無理では？」「子どもはいやがるのでは？」などと思われるかもしれないが4年生以上なら子どもたちは喜々として取り組む。何せ司法試験張りの難文集である。子どもたちのチャレンジ意欲を大いに喚起するのだろう。

　さて，暗唱させるにはまずは文章を暗記させなければならない。その方法はいろいろあるが基本は「頻度×強度」である。大きな声で何度も何度も文章を読むだけであっという間に子どもたちは文章を覚える。授業の開始5分程度を使うだけでよい。文章を印刷して配り，覚えるまではそのプリントを読んで構わない。というか覚えるまでは視覚からも聴覚からも徹底して脳に刺激を与え続ければよい。

　1日6時間授業として，毎日5日間やれば30回の暗唱トレーニングのチャンスがある。2週間で60回。どんなに物覚えの悪いという子でもこれでどんな文章でも覚えてしまう。(考えてみるとよい。子どもたちはあっという間にコマーシャルソングを覚えてしまわないか？　アニメの主題歌だってあっという間に覚えてしまうだろう。どこにも教材はない。ただテレビなどで1日数回繰り返し聞いているだ

けなのに。子どもたちの無意識の記憶力はもの凄い。ならば意識的な記憶力はなお凄いはずである)

　このように「授業開始時に読む」だけの方法でももちろん構わないが，できるなら短時間で文章を記憶させて達成感を味わわせたい。

　そんな時に有効なのが「リード式暗記法」である。よく，うろ覚えの子が周りの覚えた子の暗唱を聞く内にすっかり覚えてしまうことがあるが，これはリード式暗記法と原理を同じにしている。

「リード式暗記法」でヨコ糸を紡ぐ

　覚えたい文章を数回読んだ後に行う。二人ペアになる。一人が「先生役」になり，もう一人の「暗唱」を聞く。もちろん何も読まずにうろ覚えの文章を口にするのだから，途中で止まったり間違ったりする。この時に「先生役」が正しい文章の続き数文字を教えて，「記憶を繋ぐリード」という役割を果たしてあげるのだ。片方が終わったら役割を交代する。終了後ペアを変えて行う。これを5分間で数名と繰り返すだけで数行の文章ならたちまち覚えてしまう。

　たとえば次のようにである。

A　「日本国民は……。ええっと」
B　「正当に選挙された」
A　「ああっ。正当に選挙された国会における……」
B　「代表者を」
A　「代表者を通じて行動し……」

といった具合にである。

　記憶というのは大脳の記憶を司る脳細胞同士が繋がっていくことで可能になると考えられる。リード式記憶法は脳細胞が繋がっていくサポートをするのであろう。

　これは友達の力を借りて可能になるワークであり，子ども同士の関係を繋いでいくことになる。当然始まりは「よろしくお願いします！」終わりは「ありがとうございました！」で締めくくる。

六法暗唱教材　　名前

大きく元気の良い声で読みましょう。

日本国憲法前文

日本国民は，正当に選挙された国会における代表者を通じて行動し，われらとわれらの子孫のために，諸国民との協和による成果と，わが国全土にわたつて自由のもたらす恵沢を確保し，政府の行為によって再び戦争の惨禍が起こることのないやうにすることを決意し，ここに主権が国民に存することを宣言し，この憲法を確定する。

刑法

第一条
　この法律は，日本国内において罪を犯したすべての者に適用する。

第百九十九条
　人を殺した者は，死刑又は無期若しくは五年以上の懲役に処する。

民法

第一条
1　私権は，公共の福祉に適合しなければならない。
2　権利の行使及び義務の履行は，信義に従い誠実に行わなければならない。
3　権利の濫用は，これを許さない。

第四条
　年齢二十歳をもって，成年とする。

商法

第一条
　商人の営業，商行為その他商事については，他の法律に特別の定めがあるものを除くほか，この法律の定めるところによる。

第四条

　この法律において「商人」とは，自己の名をもって商行為をすることを業とする者をいう。

刑事訴訟法
第一条

　この法律は，刑事事件につき，公共の福祉の維持と個人の基本的人権の保障とを全うしつつ，事案の真相を明らかにし，刑罰法令を適正且つ迅速に適用実現することを目的とする。

第二条

　裁判所の土地管轄は，犯罪地又は被告人の住所，居所若しくは現在地による。

民事訴訟法
第一条

　民事訴訟に関する手続については，他の法令に定めるもののほか，この法律の定めるところによる。

第二百五十三条

　判決書には，次に掲げる事項を記載しなければならない。

一　主文
二　事実
三　理由
四　口頭弁論の終結の日
五　当事者及び法定代理人
六　裁判所

暗唱教材

日本国憲法前文

日本国民は，正当に選挙された国会における代表者を通じて行動し，われらとわれらの子孫のために，諸国民との協和による成果と，わが国全土にわたつて自由のもたらす恵沢を確保し，政府の行為によつて再び戦争の惨禍が起ることのないやうにすることを決意し，ここに主権が国民に存することを宣言し，この憲法を確定する。そもそも国政は，国民の厳粛な信託によるものてあつて，その権威は国民に由来し，その権力は国民の代表者がこれを行使し，その福利は国民がこれを享受する。これは人類普遍の原理であり，この憲法は，かかる原理に基くものである。われらは，これに反する一切の憲法，法令及び詔勅を排除する。

第二章　戦争の放棄

第九条

1　日本国民は，正義と秩序を基調とする国際平和を誠実に希求し，国権の発動たる戦争と，武力による威嚇又は武力の行使は，国際紛争を解決する手段としては，永久にこれを放棄する。
2　前項の目的を達するため，陸海空軍その他の戦力は，これを保持しない。国の交戦権は，これを認めない。

第三章　国民の権利及び義務

第十条

日本国民たる要件は，法律でこれを定める。

第十一条

国民は，すべての基本的人権の享有を妨げられない。この憲法が国民に保障する基本的人権は，侵すことのできない永久の権利として，現在及び将来の国民に与へられる。

第二十六条

1　すべて国民は，法律の定めるところにより，その能力に応じて，ひとしく教育を受ける権利を有する。
2　すべて国民は，法律の定めるところにより，その保護する子女に普通教育を受けさせる義務を負ふ。義務教育は，これを無償とする。

第二十七条

1　すべて国民は，勤労の権利を有し，義務を負ふ。
2　賃金，就業時間，休息その他の勤労条件に関する基準は，法律でこれを定める。
3　児童は，これを酷使してはならない。

第四章 国会

第四十一条
　国会は，国権の最高機関であつて，国の唯一の立法機関である。

第四十五条
　衆議院議員の任期は，四年とする。但し，衆議院解散の場合には，その期間満了前に終了する。

第四十六条
　参議院議員の任期は，六年とし，三年ごとに議員の半数を改選する。

第五章 内閣

第六十五条
　行政権は，内閣に属する。

第六十六条
1　内閣は，法律の定めるところにより，その首長たる内閣総理大臣及びその他の国務大臣でこれを組織する。
2　内閣総理大臣その他の国務大臣は，文民でなければならない。
3　内閣は，行政権の行使について，国会に対し連帯して責任を負ふ。

第六章 司法

第七十六条
1　すべて司法権は，最高裁判所及び法律の定めるところにより設置する下級裁判所に属する。
2　特別裁判所は，これを設置することができない。行政機関は，終審として裁判を行ふことができない。
3　すべて裁判官は，その良心に従ひ独立してその職権を行ひ，この憲法及び法律にのみ拘束される。

2 社会科授業でこう学級を創る

実践1 国旗フラッシュカードで惹きつける
―タテ糸を紡ぐ―

いきなり教科書を読んで線を引いてノートをまとめる。そんなつまらない授業など問題外である。ましてや最初の社会の授業。ここはビジュアルな刺激で子どもたちを惹きつけて「あっ！」と言わせたい。

しちだ・教育研究所の「フラッシュカード・七田式国旗カード」を用意しておく。

120ヵ国の国旗が載っている。194ヵ国に足りない分はPCなどから取り出して自作するのもよいだろう。

1年間かけて子どもたちには世界中すべての国旗を覚えてほしい。そのために授業の最初は必ず国旗フラッシュから始める。

とは言えいきなり194ヵ国全てを提示するのは無茶というもの。そこで地域別に覚えさせていく。

たとえば4～5月はアジアという具合に。アジアなら現在47ヵ国の国旗があるのだが，最初は50音順でフラッシュしていく。

子どもたちは10回も繰り返せばその順序を覚えてしまう。その順序と絵柄がそのうち一致して短期間で国旗を覚えることに繋がるからだ。

「フラッシュカードはアトランダムでやらねば意味がない」という方もいるらしいが，少なくとも初期段階では順番に並べた方が有効である。

授業が始まったら教室の1コーナーに立つ。この位置が全ての子どもたちにとって見やすい場所である。最初は教師が国名を言いながら次々フラッシュしていく。カードを手前から表へ送っていくとよい。

だんだん慣れてきたら,「日本」「韓国」「タイ」の声出しは子どもたちに任せてみる。そうして全ての国名を子どもたちに言わせていく。だいたい2ヵ月あればアジア47ヵ国くらいなら覚えてしまう。
　そうなればヨーロッパ,アフリカなどとカードの地域を変えていく。1年で194ヵ国も夢ではない。

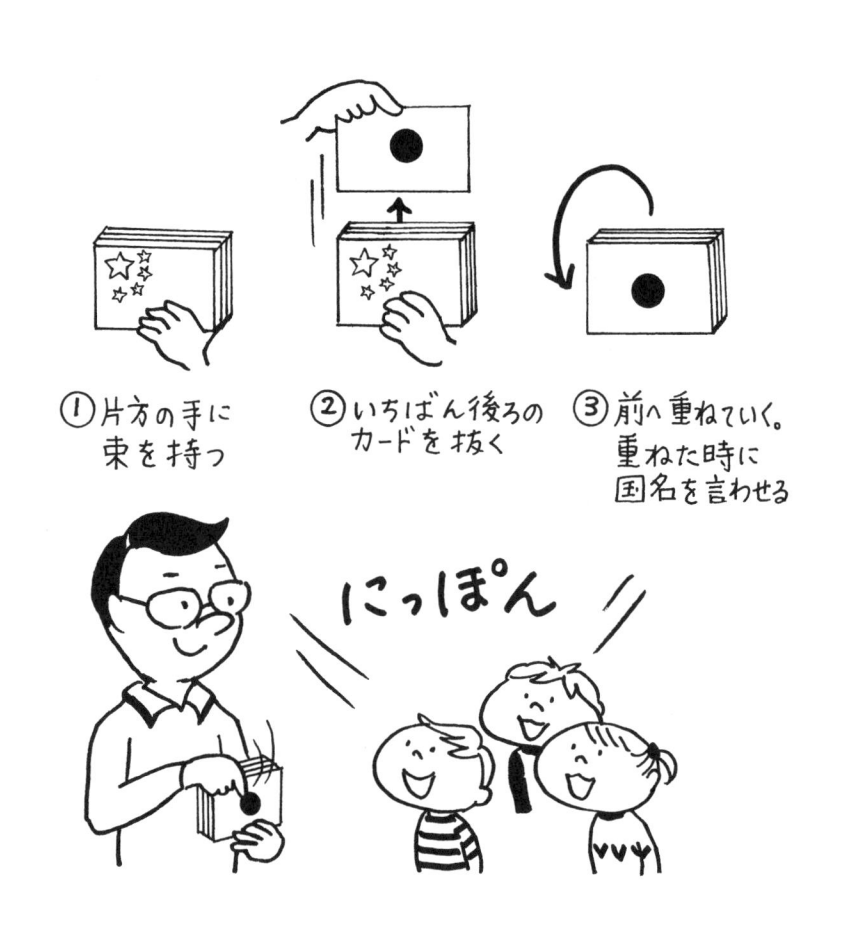

①片方の手に束を持つ　②いちばん後ろのカードを抜く　③前へ重ねていく。重ねた時に国名を言わせる

にっぽん

実践2 社会常識暗唱
—タテ糸を紡ぐ—

　最低限覚えておいてほしい知識を集めて毎時間音読するだけである。これも1年継続すると全員覚えてしまう。
　日直でも誰でもよいので，「社会常識暗唱！」と声出しをさせ，その後に全員続くようにする。世界ベスト3・日本ベスト3の他，面積と人口の世界ベスト10程度もあわせて覚えられるようになっている。

　これも「そろそろ覚えたかな？」と思ったら「人口世界第4位の国が分かったら座ります」などとクイズにすると面白い。また，「その国を地図帳で探して国境線を赤で囲みなさい」と言ってもよいだろう。

　子どもたちは驚くほど地図に疎い。せめて社会科のある時間は必ず地図帳を開かせ，駆使させたいものである。
　面積・人口の「歌」のメロディーは「鉄道唱歌」である。（「汽笛一声新橋を……」のあの歌である）しかしその他の歌でも歌えるらしいから，一度あれこれ試していただければと思う。

社会　常識暗唱①　　名前

元気よく大きな声で読みましょう。

世界ベスト3

山編　エベレスト山　K2　カンチェンジュンガ山
　　　K2の正式名称はゴドウィンオースティン山
　　　K2のKはカラコルム山脈の頭文字

川編　ナイル川　アマゾン川　長江　　長江の別名は揚子江

湖編　カスピ海　スペリオル湖　ヴィクトリア湖

日本ベスト3

山編　富士山　白根山　奥穂高岳　　白根山の別名は北岳

川編　信濃川　利根川　石狩川

湖編　琵琶湖　霞ヶ浦　サロマ湖

元気よく大きな声で歌いましょう。

人口多いは中・印・米・インドネ・ブラジル・パキスタン・バングラ・ナイジェリ・ロシア・日・メキシコ　ここまで一億人以上。

面積広いはロシアに加・アメリカ・中国・南米ブラ・オーストラリア・インドにアルゼン　日本は62位です。

実践 3 いろいろな世界地図
―タテ糸を紡ぐ―

　子どもたちがいつも目にする地図は，地図帳の裏表紙に載っている，日本中心のメルカトル図法のものである。（各図法の利点や欠点も伝えるとよい）

　でもこればっかりが「世界地図」だと思わせてはならない。地図にもいろいろある。というか，国によって違いがあって当然なのである。

　東急ハンズ等に行くと世界の地図が販売されていることがあるので，そこでまとめて購入する。あとは子どもたちに提示し，地図に隠されている秘密の数々を考えさせていくのである。

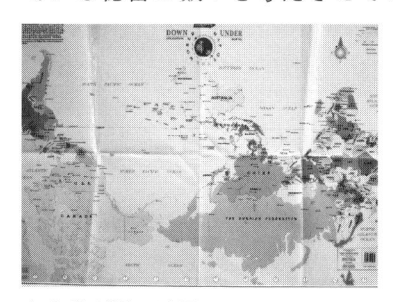

↑南北が逆の地図。オーストラリアのおみやげ屋さんで販売している。

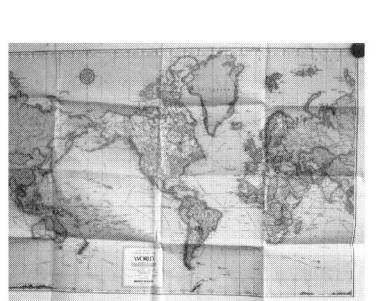

↑ヨーロッパ中心の地図。これで見ると日本は極めて東にありますね。ですから「極東」というのでしょう。欧州中心のものの見方なんですね。

←「では最後にこれはどこの地図でしょう？」もうお分かりですね。アメリカ中心の地図です。

実践 4 ナビゲーションゲーム
―友達との共同学習でタテ糸とヨコ糸を紡ぐ―

5年生の社会では「緯度」「経度」について学習するが、せいぜい教科書のコラム程度の説明を読んで終わりとなる。このような知識などただ単に覚えていても何の意味もない。使いこなせる「技能」にまで昇華させる必要がある。

そこで、毎時間「ナビゲーションゲーム」を5分程度行う。やり方は至って簡単である。

指示 1 地図帳○ページ（世界全図が載っている）を開きなさい。

指示 2 今からある地点の緯度と経度を言います。その地点の存在する国名を見つけなさい。見つけたら座ります。

これだけである。あとは地図を見ながらアトランダムに「東経135度北緯30度」という具合にある地点を言っていくだけである。

この時、なかなかうまく見つけられない子がいるので、次のように指示を追加する。

指示 3 座った子は周りを見回し、まだ分からない子に教えてあげなさい。分からない子は自分から教えてもらいに行きなさい。

これで自然に友達同士教え合う姿が見られるようになる。

教え合うときは「よろしくお願いします」で始まり,「ありがとうございました」で終わるように指導する。教室中が良い雰囲気になる。

1日に5分程度でよい。それ以上すると飽きる。間延びする。次のメニューに移るとよい。

初めは教え合っていても,慣れてくるとどの子も自力でできるようになってくる。そうしてしばらく経ったある日,子どもたちにこう聞く。

> **発問** 君たちは全員があっという間に世界中のあらゆる地点を探し出すことができるようになりましたね。なぜですか?

「繰り返し何度もやったから」という答えもでるだろう。しかしここで大切なのは「友達と学び合ったから」ということである。このことを折に触れて押さえると,何ということもない学習ゲームも「ヨコ糸」を紡ぐ有効なプロセスとなりうる。

実践5 自由発言の授業で
―ヨコ糸を紡ぐ―

　教科書の数ページを読んだ後,「はじめて知ったこと」「知っていること」「新しく思いついた疑問」などを自由に発言させることがある。子どもたちの持つ様々な情報を共有し合うのだ。これにより,子どもたちは一人で学習するよりもはるかに豊富な知識や思考形式を増やすことができるようになる。

　特に社会科授業では,教科書や資料集にある図や表などを見て分かったこと,気づいたことを出し合うことが重要な要素の一つとなる。このヨコ糸を意識した授業を行っていけば,クラスの全員が多くの違う意見を次々出し合う活気あふれる授業展開が可能になる。

　このとき,大切なのは発表するときの姿勢であるが,聞く側の姿勢もきちんと指導しておく必要がある。

　大切な意見は要約して教師が板書していく方法もあるが,子どもたちには話す人に対して失礼のないようにしっかりメモを取る習慣を身につけさせたい。

　自由発言を通して次のようなことを指導していく。

【発言内容について】
　① 書いてあることを確実に読み取り要約して発表する。
　② 書いてあることに付随した情報を発表する。
　③ 書いてあることから新たに生じた疑問や考えを発表する。

【話し方について】
　①　教室の四隅にいる人全員に一回で伝わる声量，速度で発表する。
　②　語尾表現を明確にする。
　③　聞く人全員を見渡すつもりで発表する。

【聞き方について】
　①　話す人の方向を向く。
　②　頷くなどの反応を示す。
　③　大切なことをメモする。

　このあとメインの発問を投げかけ，討論や追求活動に移る。ここでも折に触れて「なぜ新しい知識や考えを手に入れることができたか？」を問い直してみる。仲間で学び合ったおかげである。よって授業の終わり際には「ありがとうございました」ときちんと挨拶させる。こうして社会科授業でも子どもたちをしっかり繋いでいくことができるし，またその必要がある。
　ただ単に学習内容をこなすだけならクラス全員で学び合う必要はないのだ。

3 算数科授業でこう学級を創る

実践1 かけ算の秘密
―算数アレルギーをタテ糸で払拭せよ―

　高学年になると算数に対するアレルギーが強くなってくる。「私算数嫌いやねん！」と言ってはばからない子がたくさんいる。その多くは算数の面白さはもちろん，達成感を味わった経験が少ないと考えられる。そこで担任当初は，「算数って面白いな」「できるって楽しいな」という体験をさせることに腐心すべきである。

　まずは手軽で効果てきめんのネタで惹きつける。次のネタである。

発問　かけ算の記号は何故「×」と書くか知っていますか？

　案外知らないものである。そこで次のように板書する。

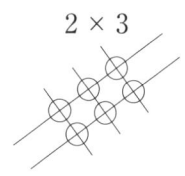

　2×3

「ほらね。×という記号を使うとかけ算の答えが交点の数となって表れるでしょ」これだけで子どもたちは「へえっ！」という顔をしている。

　しかしこのネタの威力はこんなものではない。

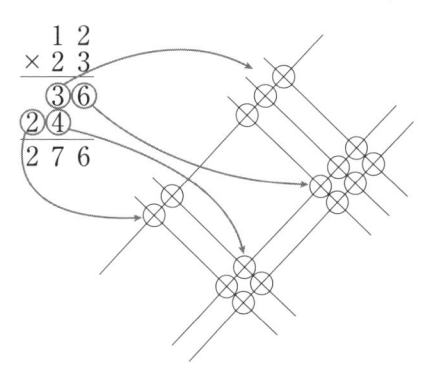

「じゃあ次はこの計算ね」といって「12×23」と板書する。

　そしてまずは筆算で計算する。答えは「276」である。その筆算の下に先ほどと同様に図を描いて示す。

　まさか276個もの交点が表れるはずはない。子どもたちは「それがどうしたの？」という顔で見守っている。

ここで次のように追加情報を書き加える。

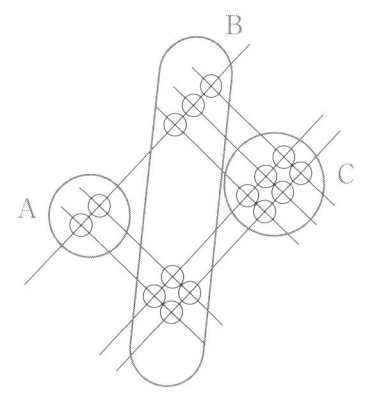

理解の早い子はこのあたりで「あああっ！」と声をあげる。しかしほとんどの子はまだ気づいていない。

「このようにこの図はA，B，Cの3つの部分に分かれるよね。Aが百の位，Bが十の位，Cが一の位を表しています。Aが2，Bが7，Cが6。だから276ね！」

ここで「うわあ！　本当だ！」と歓声があがる。鋭い子は次にこう問いかけてくるはずである。

「じゃあ先生，もっとややこしい計算でもできるの？」こうなれば子どもたちは術中にはまったも同然である。

「よし，じゃあ，99×99でやってみよう」と言って黒板いっぱいを使ってやってみるとよい。次のようになる。

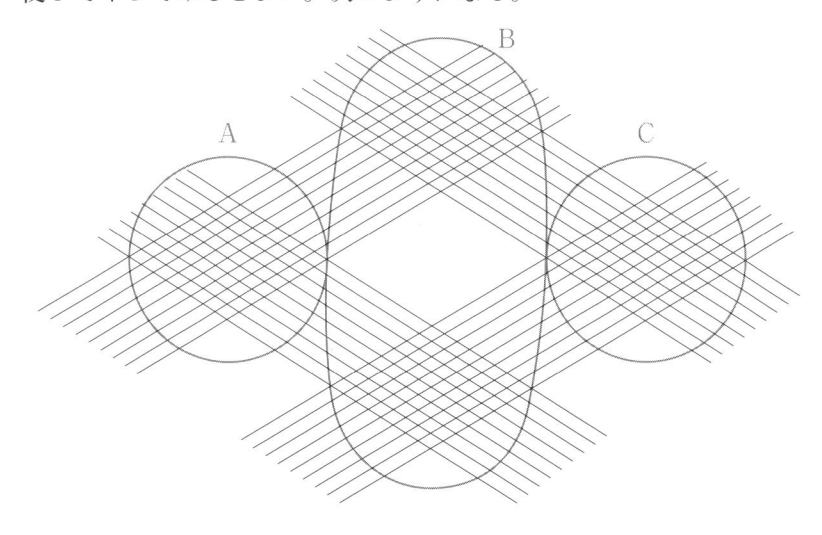

Aは81個，Bは162個，Cは81個の交点となる。それぞれの位には1つの数字しか入らないから，当然繰り上がりが必要となる。すると，

$$
\begin{array}{ccc}
A & B & C \\
81 & 162 & 81
\end{array}
$$
$$(81 \times 100 + 162 \times 10 + 81 \times 1 = 9801)$$

となるので合計は9801となる。これを黒板でするとなると10分はかかるであろう。でも子どもたちはなんとなく「すごいなあ！」という顔をしている。

　ここで次のように言う。

　「×という記号を使うと積を交点の数で表すことができるね。でも，いちいちこんなふうに数えるって大変だよね？」子どもたちはうなずいている。「でも 99 × 99 って数字を使うとあっという間にできるよね？　どっちが楽に計算できた？」と聞くと子どもたちは「数字を使った計算！」と答える。「そうだよね。だからみんなが毎日算数の計算で使っている数字というのは，面倒くさい計算をあっという間にやってしまえるすごい発明なんだね。なんせこの計算を使って人間はロケットで宇宙まで行ってしまったのです。人間の英知の結晶，それが数字であり計算なんです。みなさんは毎日素晴らしい人間の発明品を使って勉強しているのですね」

　こうして子どもたちはただ単にルーティンに繰り返してきた計算そのものの素晴らしさに気づくことになる。「がんばって賢くなろう！」という気運を作り出していくのも教師の大切な役割である。

実践2 「分かった！」という瞬間を！
その1　体積理解グッズ
　　　―タテ糸を紡ぐ―

　5年生で立体の体積を求める学習をする。基本的な公式の使える「ノーマル」な立方体や直方体ならそれほど難しくはないのだが，問題は次のような場合である。

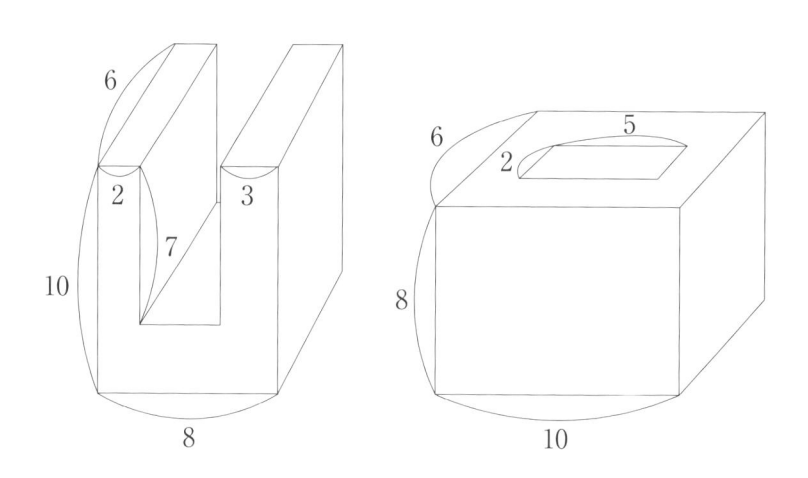

　いわゆる「できる子」は，上のような複雑な形をした立体を，頭の中で瞬時に分解したり，くりぬいたりしてイメージし，なおかつ必要な数値を公式に当てはめて計算できるのだ。しかし，「できない子」にとってこのような問題を解くことは「重労働」であり，心が折れてしまうのだ。だから，「複雑」→「簡単」に手ほどきしてあげる必要がある。そこで登場するのが体積理解グッズである。
　作り方は次の通りである。

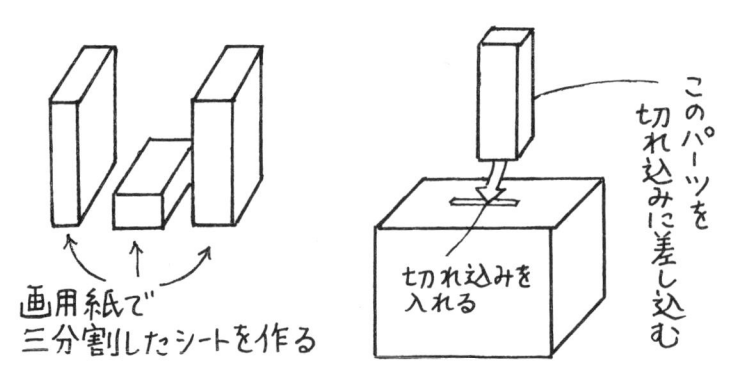

画用紙で三分割したシートを作る

切れ込みを入れる

このパーツを切れ込みに差し込む

　これらを用いると、「複雑」な立体は「簡単」な立体に一旦分割させて考えると分かりやすいことを伝えることができる。最終の板書は次のようになる。（実寸の3倍くらいの大きさで板書すると見やすい）

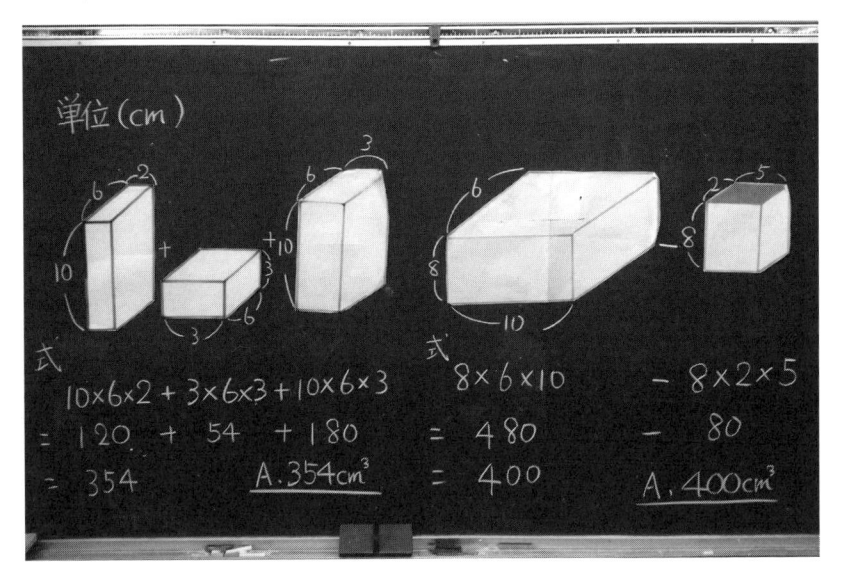

単位(cm)

式
10×6×2 + 3×6×3 + 10×6×3
= 120 + 54 + 180
= 354　　A.354cm³

式
8×6×10
= 480
= 400

− 8×2×5
− 80

A.400cm³

　これでも理解が難しい子には個別指導を行う。一斉授業は7割の子が理解できれば「合格」である。先に進めばよい。個別指導や宿題などであとは細かくフォローアップするのだ。

第2章 授業づくりで学級づくり―実践編―

実践3 「分かった！」という瞬間を！
その2　面白算数グッズ
―さらにタテ糸を紡ぐ―

「小難しい算数も先生と学ぶと楽しいし，分かるし，できるようになる！」そのような実践は確実に子どもたちからの信頼感を得ることに繋がる。これまた強烈なタテ糸である。

たとえば小学5年生の「小数のかけ算」。小数同士のかけ算で，小数点を打つ位置を指導するところがある。教科書には次のように書かれている。「かけられる数とかける数の小数点部分のけた数の和になる」このような表現で理解できる子どもばかりならおおよそ教師は苦労などしない。

このような難解な文章を与える前に，子どもたちが喜んで理解できるグッズを使う。現筑波大学附属小学校の中田寿幸氏に15年以上も前に学んだ実践である。

右のイラストのように，透明なプラスチックシートなどで「イカちゃん」を作る。裏に磁石を仕込んで黒板に貼り付けられるようにしておく。

たとえば「2.3 × 4.2」の場合。小数はない「23 × 42」として計算した答え「966」のどこに小数点を打つように指導するか？

ここでこの「イカちゃん」の登場である。最初にかける数とかけられる数の小数点以下の部分にこのイカちゃんを貼る。何故「イカちゃん」か？　そう！　小数点「以下」だから「イカ」ちゃんなのである。このグッズ名は「小数点イカベエ」と言う。何となく「笑福亭鶴瓶」に似ているから子どもたちはあっというまに惹きつけられてしまう。

ついで，上にいる2匹のイカちゃんを下の「966」の右から順番に貼っていく。すると小数点以下の部分が一目瞭然となる。ここで丸いマグ

77

ネットを小数点に見立てて，子どもに「どこが小数点ですか？」と聞いて貼らせる。当然「9」と「6」の間に置く。小数点を打つ位置が一発で理解できる。

この後，ノート指導で「いちいち数字の上にイカちゃんを書いてられないよね？ だから数字を載せる『お皿』でいいよ」と指導し，計算のたびに必ずこのお皿を書かせるようにする。

またこの後，「末尾の0は消去する」指導が必要になる。このとき活躍するのは「0トリ（鳥）ー」である。読んでそのまま「0を取る」鳥である。これも透明シートで作成する。

また末尾が「00」になる場合は「ダブル0トリー」がいる。そして末尾が「000」の時は？

子どもたちに「何だと思う？」と聞くと「トリプル0トリー」というので「残念！ サントリーです」と笑いを取る。

このようなグッズは子どもたちの理解を助け，何よりミスを減らしてくれる。

第2章　授業づくりで学級づくり―実践編―

実践4　「追いつめて」「助け合う」
―日々の授業でヨコ糸を紡ぐ―

　算数の授業形態にはいろいろなものがあってよいと思う。一斉型が有効なときもあれば話し合いが有効なときもある。今流行の算数的活動もよいだろう。しかし，学習内容が増えた今，余計な時間は割いていられない。できれば最小限の労力で最大限の効果をあげたいと思う。偽らざる本音である。

　最近，私は次のような流れで算数の授業を行っている。ポイントは次の2点だけである。

---

① 　全員参加するように追いつめる。
② 　助け合って教え合う局面を多く取り入れる。

問題文を読ませる

　当然ながら，問題文を読ませることから始める。授業開始のタイミングで全員が音読できる状態であるなら全員で一斉に読ませる。このとき多くの子は全力で読まないだろう。それを見逃さずきっちり指導する。「何故問題文を読む必要があるのか？」と。

　それは書かれている文章という記号の集合体から具体的なイメージを持たせるために必要だからである。勉強ができないと思っている子ほど読まない。読まないから問題の求めている状況が分からないのだ。

意見を発表させる

　読ませたら書いてある内容を確認させる必要がある。「大切な数字に線を引きなさい」「何算をどう使いますか？　思いついたことをメモしなさい」などと指示し，数分の時間を与える。
　その後一斉に起立させて発表させる。自由発言への導入段階である。「同じ意見が出たら座りなさい」と始めるがこればかりやっていると意見も持っていないのに座る子が出てくるので，時には同じ意見でもよいから全員に発表させる必要がある。

考え方を交流させる

　ここで次のように言う。「この解き方が分かった子は手を挙げなさい」数名が挙手するだろう。「よ〜く見渡しなさい。分からない子は分かる子の所へ行って教えてもらいなさい。分かったら他の子の考え方も聞き，自分の考え方を説明しなさい。時間が続く限りたくさんの人と交流します」そうして5分程度時間を割く。
　子どもたちは自由に席を立って相談を始める。問題の難易度にもよるがこれで学級の5割程度の子どもたちは何とかやり方が分かるようになる。

数名に発表させる

　ここで数名に発表させる。聞いている子は自分との考え方に違いや同じ点がないかメモさせる（対比と類比）。違う意見も出るだけ発表させる。

ペアで説明させる

　次に自分が理解した方法で横に座っているペアに説明させる。「よろしくお願いします」で始めさせ，「ありがとうございました」で終わらせる。

早く説明し終わったペアに説明させる

　いくつかのペアに説明させる。ごまかしていると発表できずに恥をかくことになる。不十分なところは時々補足してやればよいが，基本的に自力で説明させ，間違いはその場で修正し，正しい答えを言わせる。こうして言語活動を充実させていく必要がある。

類比・対比させる

　友達の意見をしっかり聴いていたかチェックさせる。「全員起立。A君の意見はBさんの意見とよく似ていましたが，1点だけ違うところがありました。それはどこだったでしょう？　分かったら座ります」というふうに，さっきの発表を聞いていないと答えられない質問をいきなりぶつける。

　友達につられて最後に座った子は「怪しい」ので即座に指名する。説明できないのなら「分かってないのに座ってはならない」と指摘する。ウソは許さない。こうして追いつめていくことで緊張感が維持される。授業ではこの緊張感が大切なのである。

ノートに考え方を記述させる

　言語活動において大切な指導局面である。不正確な誤った日本語は修正させる。「書けたら持ってきなさい」と言ってその場でチェックする。時間がなければ授業後にきっちりチェックしてもよい。

練習問題をチェックする

　練習問題がある場合，1問目をチェックする。これでその日の学習内容を理解できているかどうか把握できる。できていれば残りの問題や別課題を与えて数をこなさせる。そうして理解の遅い子の指導に残りの時間を費やすのである。

「だれのおかげで伸びたか？」確認させる

　時間があれば「今日はだれのおかげで伸びたか」発表させると良い。こうして今日紡いだヨコ糸を可視化するのである。

　最後には全員で教室の真ん中を向いて「ありがとうございました！」で締める。（「教室の天井の中央部からマイクがつり下がっている」とイメージさせるとよい）年間200日，1000時間の授業全てにおいてこのようなタテ糸ヨコ糸を意識させることが大切である。

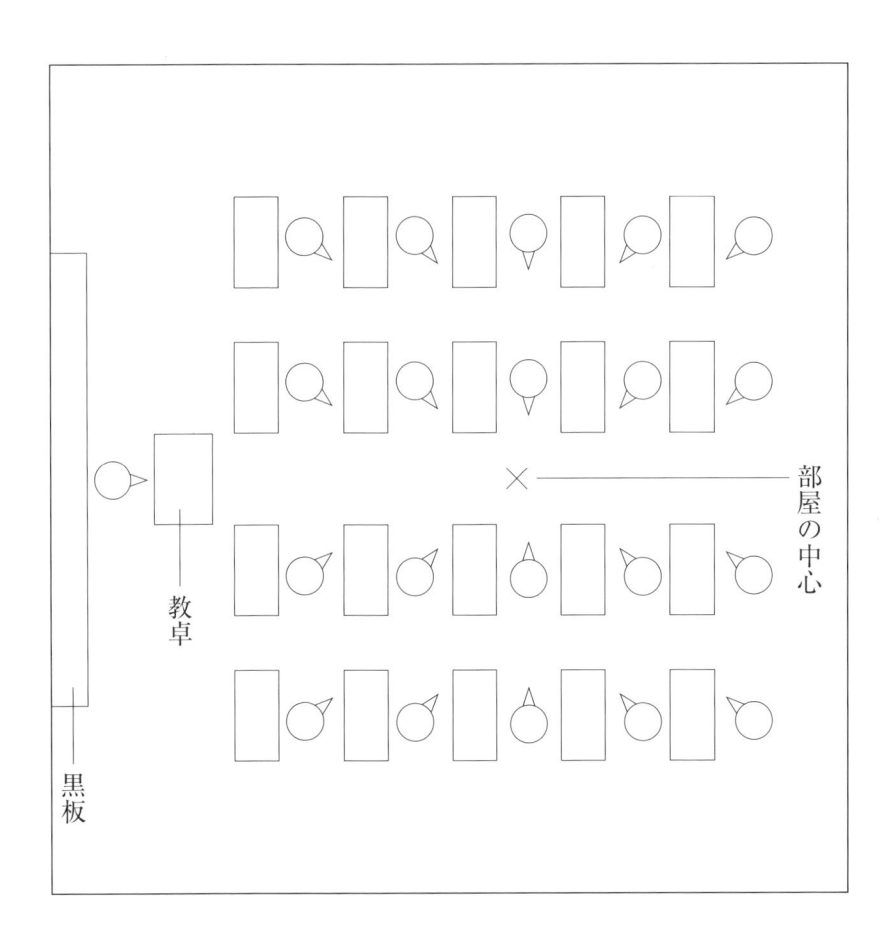

4 理科授業でこう学級を創る

まずは理科実験ネタをゲットしよう！

　私は理科実験が大好きである。どう教えるかなどというよりは、自分が実験を見たりやったりするのが好きなのである。

　教師になって数年は「ようし！　子どもたちに感動的な実験をたくさん見せてあげたい！」その一心であちこちの研修会に出かけてはネタを収集して回った。

　特にお奨めなのは仮説実験授業研究会である。機関誌『楽しい授業』は定期購読し、毎年春に兵庫県尼崎市で行われている入門講座には欠かさず参加したものだ。この講座の「教材売店」が実に楽しい。面白実験に欠かせないグッズがまとめて販売されている。少ない給料をつぎ込んで数年で数十万円分のグッズを買い込んだものだった。

　また何と言っても講座そのものが楽しい。子どもになったつもりで受講していると「へえっ、理科の授業ってこんなに楽しいんだなあ」とはじめて思ったことがある。「こんな楽しい授業をすれば絶対どんな子どもも食いついてくれるはずだ！」そう思いながら勤務校へ帰り、ワクワクする気持ちとともに授業を行ったものだ。

　今考えるとそれは自分が受けてきたつまらない理科授業に対するアンチテーゼのつもりであったのかもしれない。

　またネットでは理科教材会社などが実験ネタやグッズを販売しており、これまた授業に即活きる情報となりうる。可能な限り情報を入手し、数年経つと、授業開き数時間分のネタがストックされることになる。これに毎年新ネタを少しずつ加えていく。その楽しさ、ネタの豊富さはそこそこのものになる。強烈なタテ糸を入手したのだ。

　若手の教師は新卒から10年目まではこの程度のネタ収集に腐心し、確実にタテ糸を蓄積していくとよい。強力な「武装」である。

実践 1 出会いの授業に使える実験ネタ
―タテ糸を紡ぐ―

　新学期の一発目にお奨めなのがペットボトルを使った実験である。
　ペットボトルに水を入れる。この時キャップの裏側に絵の具を仕込んでおく。そうして子どもたちにこう聞く。
　「この水は何色でしょう？」
　子どもたちの多くは「透明！」と答えるので，「透明って色の名前かな？」と問い返す。「透明というのは透き通り具合のことだね。だから色の名前じゃない。これは無色と言います。無色で透き通っているから無色透明と言います。さあみんなで言ってみよう！」と言って「無色透明」と全員に言わせる。ちなみに牛乳は「白色不透明」であり，アセロラドリンクなどは「赤色透明」ということになる。
　さて，その後ペットボトルのキャップを締め，「この無色透明の水がねえ，１回振るとね……」と言って思い切り振る。すると……。もちろん仕込んでおいた絵の具が溶けて水はあっという間に赤色になる。

透明なペットボトルを強く振ると……　　　あっという間に色水に変わる！

　子どもたちには「なんでか分かる？」とたずねてみるとよい。答えが分かると「なんだあ。そんなことか！」というリアクションをとる

子が多いが,「手品の種というのはこんなふうに簡単なものなのです」と言っておく。これは簡単だがインパクトあるネタである。(しかしこれだけなら理科実験というよりは絵の具が水に溶けた物理的現象なのであるが……。やはり化学的現象も見せてあげたい!)

　さて,次に紙コップを取り出し,その赤い色水を注ぐ。「だれか飲みたい人いますか?」と聞く。こんな時必ずやんちゃ坊主が「はいっ」と手を挙げるから,活躍させてあげるとよい。
　「じゃあ,○○君出てきて!」と言って前に出させる。「飲むとお腹こわすかもしれないから,この水をかぶってくれる?」と聞く。そう言ってやんちゃ君を回れ右させ,クラス全員の方を向かせる。そうして先ほど色水を注いだ紙コップをひっくり返す!　みんな「あっ!」という顔をしているが……。何と水は落ちてこない!「何故だろう?」という空気が充満する。
　ここでネタ晴らし。「高吸水ポリマー」をコップの下に仕込んでいたことを教える。このポリマーが生理用品や紙おむつ,携帯用トイレに使われていることを教える。

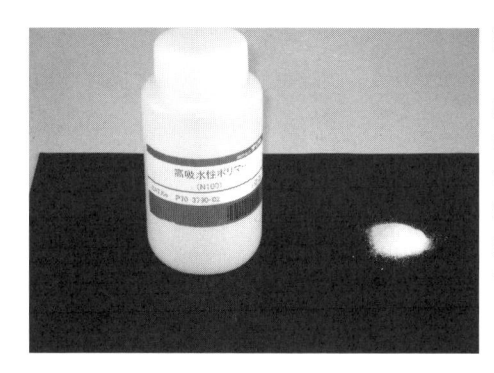

高吸水ポリマー。この粉末を紙コップの底に少量(大さじ1杯程度)仕込んでおく。この位の量があれば200ccくらいの水なら十分吸い込み固めてしまうことが可能である。手品グッズはもちろん携帯用トイレ,紙おむつなどにも使われている。

　理科の実験の後,今述べたように「こんなところに今行った実験と同じ原理が活かされている」ということを伝えてあげると子どもたちの理科に対する意欲は高まる。

実践 2 食育へと繋がる実験
―タテ糸を紡ぐ―

我々の身の回りにはたくさんの科学原理が活かされている。

以下に紹介するのは、昨今注目されている食育に繋がる実験である。これはイソジンに含まれるヨウ素がビタミンC（アスコルビン酸）によってヨウ化水素に変わる性質を使った実験である。

ヨウ素は茶色をしているが、ヨウ化水素は透明である。だからイソジンにビタミンCを加えると「コーラが真水に変化する」ように見える。これもまたインパクトある実験である。

これも少々お笑いの要素を取り入れて行うと面白い。

コカコーラのペットボトル（もちろん中身はイソジンの水溶液）を手にし、子どもたちには次のように言う。

「このコーラが一瞬にして別の飲み物に変わったらびっくりしませんか？」子どもたちは「するする！」目を輝かせている。

「じゃあねえ」と言って空のペプシコーラのペットボトルを手にして、コカコーラ内のイソジン溶液を移しかえる。子どもたちは「何に変わったの？」という顔をしているので、「ほらね。コカコーラがペプシコーラに変わった〜！」と喜んでみせる。もちろん子どもたちは失笑である。

そこで、「ごめんなさい。次はもっと凄いのを見せるね。このペプシコーラをコカコーラに変えます！」と言ってまた元のボトルに戻すのだ。もう子どもたちは呆れて拍手してくれる。

そこで「じゃあ今度はね。もしコカコーラが南アルプスの天然水に

変わったらびっくりするよね？」と言って，天然水（ミネラルウオーターのボトル）にコーラを注ぐ。すると，コーラがみるみる無色透明になってしまう。これには子どもたちも大拍手である！

　ここで先ほどの原理を説明する。そして問う。
「この実験がみなさんの身の回りのあることに活かされています。何か分かりますか？」
「食品に含まれるビタミンＣの量を計測することである」がおそらく難しくて出ないであろう。そこで教師は給食の献立表を指して言う。
「ここに緑色食品というのがあるね。これはおもに『体の調子を整えるもの』のことです。その一つがビタミンＣなんです。この実験で使った茶色の液体（ヨウ素）はビタミンＣと混ざると透明になります。その性質のおかげで私たちはどんな食品にビタミンＣが含まれているか調べることができるのです。そして毎日栄養のバランスの取れた給食をいただくことができるのです。科学ってすごいでしょ！」
　子どもたちは頷いている。

「ビタミンＣをたくさん含むものにはどんなものがあるか知っている？」と聞いてみる。果物や野菜の名前が出されるであろう。最後に「栄養バランスのとれた食事を好き嫌いなくいただきましょうね！」と言って締めくくるとよい。
　（★注意★くれぐれもイソジン水溶液は飲まないように気をつけてください）

　最後に次頁のプリントを読んで終わる。

コーラが真水に変わる？

　そんなことが本当に起こるのでしょうか？
　でも確かに黒いコーラが透明になりましたね？　これはいったいどういうことなのでしょうか？
　みなさんは理科で「水溶液の性質」の学習をしましたね。そこで，アルミニウムと塩酸を混ぜると，塩化アルミニウムという全く別のものができたのを覚えていますか？　二つの物質が混ざり合って，全くちがうものができたのですが，このことを**化学反応**と言います。実はコーラが真水に変わったように見えたのは，この**化学反応**が起こったからなのです。
　コーラに見えたあの黒い液体は実はコーラではありません。「イソジン」という，うがい薬です。これはヨウ素という茶色い物質が水に混ざっているのです。怪我をしたときに茶色いヨーチンという薬を塗って消毒したことはありませんか？　あれもヨウ素が入っている液体なのです。ヨウ素には殺菌力があり，うがいや怪我の消毒に使われるのですね。
　これにアスコルビン酸という薬品を混ぜます。アスコルビン酸というと何やら難しそうに感じますが，ビタミンCのことです。
　先ほどの空のペットボトルの底の方にビタミンCの粉を少し入れておいたのです。**茶色のヨウ素**はこのビタミンCと混ざると化学反応を起こし，**ヨウ化水素**という透明の全く違うものになってしまいます。

| ヨウ素 ＋ ビタミンC → ヨウ化水素 |
| (茶色)　　　　　　　　　　(透明) |

ではこの化学反応は私たちの身の回りのどこでどのように役立っているのでしょうか？　みなさんはどう思いますか？

　ヒントです。これはなんでしょうか？

　袋の真ん中あたりに「レモン100個分のビタミンC」と書かれていますね。そもそも本当にレモンにはビタミンCが含まれているのでしょうか？　いったいどうやって調べるか知っていますか？

　一つ実験してみましょう。レモン搾り器でレモンの汁を絞ります。このレモン汁を，薄めたイソジン（ヨウ素）に入れていきます。どうですか？　段々茶色が薄くなって透明に近くなっていきますね。つまりレモン汁に含まれるビタミンCがヨウ素と化学反応を起こして透明になったのです。（同様にイソジンの中にこのキャンデーを入れてかき回してみましょう。またビタミンCを含むと言われる清涼飲料水なども入れてみましょう）

　もう分かったでしょう。この実験は**食品に含まれるビタミンCの量を測るのに使われる**のです。ビタミンCを含むと言われる食品には他にどんなものがありますか？

　それらを絞ったり，細かく刻んだりして汁を取り出してみましょう。次にあの茶色い液に汁を混ぜてみます。このときこのイソジン液（ヨウ素液）の濃さは，どれも同じにしておきます。もしビタミンCが多く含まれていれば，少しの汁だけで透明になるでしょう。逆に少なければなかなか透明にはならないでしょう。

　この実験をすることで，私たちは食品に含まれるビタミンCの量を知ることができます。そしてそのおかげで，栄養のバランスに気をつけて食事をすることができるのです。

　このように，化学反応は私たちの身の回りで役立っているのです。

実践 3 授業参観で絶対受ける大道芸ネタ！
―身体を張ってタテ糸を紡ぐ―

　教師になり，「あっと言わせる実験をしたいなあ」と思っていたとき，あるテレビ番組を見た。それは，男子高校生が上半身裸になって割ったビール瓶の上に寝るという衝撃的なものだった。しかも，お腹の上にブロックを載せ，その上に置いた煉瓦(れんが)を割るというのである。

　もちろん高校生はケガ一つしない。これは圧力分散などの科学原理の確かさを示す実験であったのだ。

　「面白い！　やってみよう！」とは思ったものの，当時はインターネットもなく，ただテレビで見た記憶のみを思い起こしての予備実験となった。

　しかし……。やっぱり怖い。やってみれば分かるが，ビール瓶の破片ほど怖いものはない。「こんなものの上に寝るなんてなあ……」思い立ったものの，決行する勇気もなく時間は過ぎていった。

　それから数年経ったある日。私は何気なく書店の教育書コーナーで一冊の本を手にした。それが『いきいき物理わくわく実験1　改訂版』（愛知・岐阜物理サークル編著，日本評論社）であり，あの番組で実験を紹介していたサークルだったのである。

　そこにはあのビール瓶実験実施上の注意点はもちろんのこと，その他の魅力的な実験がたくさん紹介されていた。しかし，小学生にいきなりビール瓶で圧力分散の実験をしても原理が理解しづらいだろうと思い，前掲書にあった「卵乗り」実験をメインにその発展編としてビール瓶実験を行うことにした。（授業用資料は後掲）

第2章　授業づくりで学級づくり―実践編―

卵の上にも乗れる

　やり方は前掲書に詳しいので、ここでは概略のみ紹介する。

　まず卵パックを二つ買ってくる。それを床に置き、その上に滑り止め用のタオルを敷いてまな板を載せる。その上に誰かにそっと乗ってもらう。それだけの実験である。

　小学生なら少々重い子が乗ってもまず大丈夫である。卵は割れない。この後に資料でその原理を説明し、身の回りでその原理が使われている例をいくつか示す。

　子どもたちはそこで原理と現象を結びつけることになり、「ふ〜ん」といった顔で聞き入っている。

　さて、この資料で「圧力分散」の原理を学んだ後はお待ちかねのビール瓶実験である。これは後掲資料に具体を示していないので少々詳しく説明する。（もっと詳細を知りたい方は前掲書を是非ご一読いただきたい）

　私は酒屋で空のビール瓶を買ってきて、中が乾くように数日日当たりの良い屋内においておいた。

　実験当日は破片が飛び散らないように瓶をタオルで巻いてブロックの上に載せ、トンカチで割る。子どもたちはその不気味な割れ音に「いったい何が始まるの？」といった表情で騒然となる。

　タオルを開くと大小様々な破片があるので、大きいものだけを選ぶ。それを下のイラストのようにセットする。

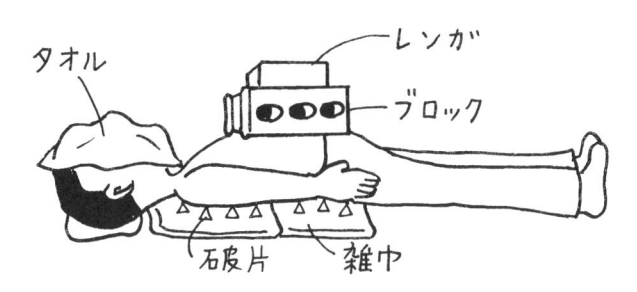

そこで教師（女性はキツイですね）は上半身裸になってその破片の上に仰向けに横たわる（このとき胸にマジックで「授業参観」などと書いておくと，山本太郎かたむらけんじ張りで楽しい雰囲気になる）。その上にブロックを置いてもらい，さらに煉瓦を置いてもらう。
　だれか一人にトンカチで煉瓦を思いっきり割ってもらう。このとき破片が飛び散る可能性があるので，周りにいる子どもたちを少し遠ざけるとともに，教師自身も顔にタオルをおくなどしてケガを予防した方が安全である。

　子どもには「一思いにやってくれ！」などと言って笑いを取るとよい。慣性の法則により，ブロックが重いほどトンカチから伝わる力は小さくなり，ほとんど衝撃を感じない。
　割れた後はゆっくりブロック，煉瓦片を取り除き，破片と背中が摩擦しないようにそっと真上方向に起きあがるとよい。
　もちろん背中は切れていない。
　そこで「この実験をするには特別な訓練が必要だから，テレビの前のちびっ子のみんなは真似しないように！」と締めくくる。教室は驚きと笑いと拍手で埋め尽くされるだろう。
　なお，実験終了後は子どもたちを遠のけ，速やかに破片などを処分することが重要である。

　このようなパフォーマンス実験は子どもたちに対して大きなタテ糸となりうる。
　当時このような面白びっくり実験の書籍はありったけのものを購入したが，前掲書はその中でもピカイチの内容である。この他に化学の本も，ぜひご購読いただいて子どもたちを楽しませてあげてほしい。

卵にも乗れる

1 卵は強い形

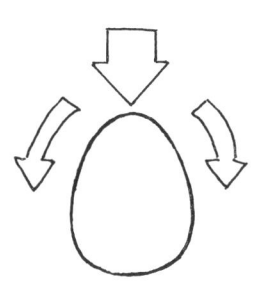

　卵の上に乗る。そんなことが本当にできるのでしょうか？

　実は卵の形は，上から加わる力を分散させて，1カ所に強い力が加わらないような形になっているのです。

　そう言われてみれば，橋やトンネル，ダムなどにもこのような卵形＝アーチ型が利用されていますね。

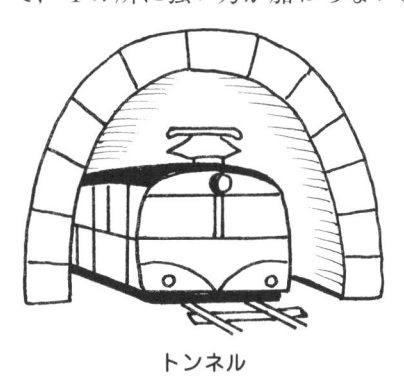

トンネル

アーチ式のダム

めがね橋

2　圧力の分散

　また，一度に 20 個の卵で支えますから，1 個あたりに加わる力は大変小さくなります。たとえば，体重 60 kg の人が二つのパックの上に乗ったとすると，

$$60 \div 20 = 3\,\mathrm{kg}$$

となり，1 個あたりの卵には 3 kg の力しか加わらないことになります。今から 20 年以上も前になりますが，1997 年に愛知県・中部大学で行われた実験では，168 個の卵で 1.2 t の自動車を支えることに成功したそうです。これだと，

$$1200\,\mathrm{kg} \div 168 = 約\,7.14\,\mathrm{kg}$$

となり，1 個の卵で 7 kg を支えた計算になります。ですから，卵が 20 個もあれば，140 kg まで支えられることになります。卵って力持ちなんですね。

　さて，この圧力の分散という原理を利用するともっとすごい実験ができるのです。では，先生に見せてもらいましょう。そして，「どうしてそうなるの？」ということを考えてみましょう。でもとても危険なので子どもは絶対にまねしないでね。

＊『いきいき物理わくわく実験 1　改訂版』（愛知・岐阜物理サークル編著，日本評論社）による。

実践 4　強烈な「タテ糸」・スベリ知らずの真空ポンプ
―まずは強烈なタテ糸で惹きつけ，それからヨコ糸を紡ぐ―

　毎年担任する学級はもちろん，各種セミナー，飛び込み授業で圧倒的な威力を発揮する理科ネタがある。真空ポンプによる実験である。この実験を通じて目に見えない空気や気圧の存在を明らかにイメージすることができる。

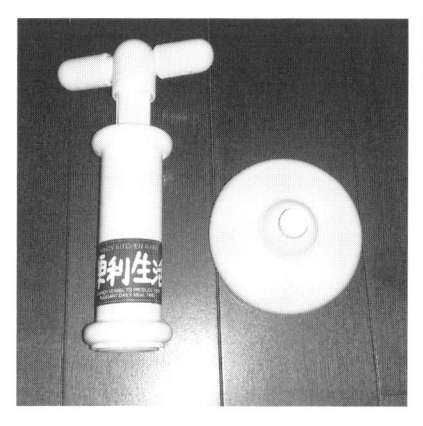

真空ポンプ
商品名「エアーフレッシュ」（加藤産業）
・瓶は100円ショップなどでフタのサイズにあったものを選ぶとよい。
・東急ハンズなどでケース付の類似品も販売されている。

　このポンプを手にして子どもたちに「これは何でしょう？」と問いかける。子どもたちはどうやら「空気を入れるポンプ」と思いこむようだ。そこで，「実はねえ。空気を抜くポンプなんです。真空ポンプと言います」と言って，ほっぺたにポンプをあてて取っ手を引いてみる。ほっぺたがポンプに引き寄せられて大爆笑である。

　「さて，今からこの瓶の中の空気を抜いてみます。空気が抜けるところが見えるから前へ寄っておいで」と言うと多くの子どもたちは喜々として前に集まる。このときは「どうしたら後ろの友達も見える

かな？　考えて集まってごらんなさい」と言って実験を観察するときの状態を指導するチャンスでもある。

「では抜きます！」と言ってポンプを動かし，空気を吸い出す。もちろんその様子が見えるはずもない。子どもたちはじっと観察しているが，やがて首をかしげ始める。「ほらっ！　見えたでしょ？」と聞くと数人が「うん，見えた！」と言うので「良い視力してるねえ！」などとつっこんでおくとよい。

「さて空気を抜いたのですが，見たところ何の変化もないですね。どうしたら空気が抜けたことが分かりますか？」と手始めに問いかけてみる。一通り出尽くしたら，「実はねえ」と言ってフタを持って瓶を持ち上げる。するとフタに瓶がくっついて一緒に持ち上がってくる。

「ほらね。空気を抜くと瓶が一緒にくっついてくるんです。それで真ん中のボタンを押すとね，空気が戻るんです」と言ってフタ上部にあるボタンを押す。すると，「シューッ」という音とともに空気が戻り，フタから瓶が離れる。

空気を抜いてフタと一緒に持ち上がった瓶。

フタ上部のボタンを押すと空気が戻り，フタから瓶が離れる。

ヨコ糸を紡ぎ始める

「どうして空気を抜くとフタが瓶にくっつき、空気を戻すとフタが瓶から離れると思いますか？　隣どうしで考えを話し合ってごらんなさい」ここでヨコ糸の「ジャブ」となるペアトークを取り入れる。子どもたちの様子を見ていると、話し合いが活発なペアとそうでないペアがいるのが分かるので、活発なペア1～2組に考えを発表してもらう。

「空気を抜くと瓶の内外で力の差（気圧差）が生じて、強い外圧がフタを押しつける」というのが正解である。子どもたちは「気圧」という言葉は知らないものの、瓶内外の気圧差に着目して核心をついた意見を言うことが多い。この際、発表する子の方をしっかり向かせてメモを取らせるなどの学習習慣を指導する。ヨコ糸を紡ぐ際の大切な要素となる。

ここで次のように板書して説明する。

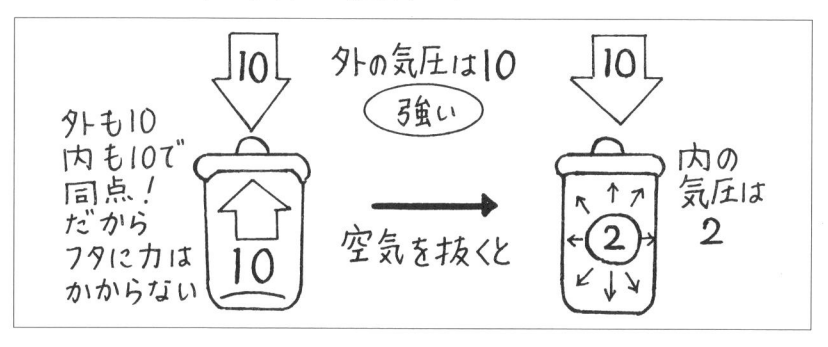

「空気を抜く前は瓶の内外で力の差はありませんが、抜いた途端に瓶の中の空気が少なくなります。空気はじっとしているのでなく、常にあらゆる方向に力を加えているのですが、空気を抜くと外側の空気の力の方が中の力よりも強くなります。空『気』がフタを『圧』すので、この力のことを『気圧』と言います。つまり空気を抜くと瓶の外の気圧の方が大きく（高く）なり、フタを押さえつけるので、フタはくっついたようになるのです。逆に空気を抜いて気圧差をなくすとも

う力関係はありません（外と内が「引き分け」になる）ので，フタが瓶から離れるのです」

　ここまではじっくり時間を割いて原理を理解させる。ここまでの理解がこの後の授業の盛り上がりに大きな影響を与えるからだ。

　次に「瓶の中に膨らませた風船を入れてフタをします。そしてこの瓶の中の空気を抜きます。風船はどうなるでしょうか？」と問いかける。子どもたちの多くは感覚的に「膨らむ」と答えるが少なからず「しぼむ」とする子がいるので面白くなる。

　この時に「なぜそうなると考えますか？　理由が言える子はいますか？」と聞く。ここでおそらく少数派の「しぼむ」派から先に意見を発表させる。黒板の前に出てもらい，イラストを指しながら説明してもらうとよい。

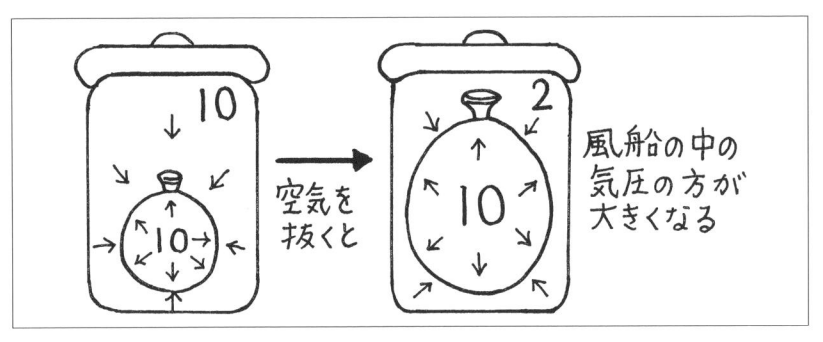

　おそらく先ほど指導した「気圧」という用語を使用しながら説明することができるはずだ。瓶の中と風船の中の気圧をそれぞれ「10」と「10」で説明させ始めるとよい。「風船の中の気圧が下がって……」と説明する中で多くの「しぼむ」派が「あっ」と気づくことが多い。「先生！　やっぱり膨らむわ。何でって，風船の中の気圧の方が高くなるもん」というふうに。

　こういう考えの変化を見せたこの子のことを教師は大いにほめてあげる。「説明していくうちに考えが変わったのは，あなたが賢くなっ

た証拠だよ。素晴らしいね！　拍手〜！」と称える。

　この後に「膨らむ」派の子に説明をしてもらう。これで「風船は膨らむであろう」という核心が強くなるはずである。

　またこれを見ていた他の「しぼむ」派もおそらく「膨らむ」派になることが予想される。これまた友達の意見で考えが変わった瞬間でもある。

　その後実験を行い，風船が膨らむことを確認する。そうしたら教師はこのように言う。「最初，二つの意見に分かれましたが，お互いの意見をしっかり聴いてよく考えて予測をして，答えを当てることができましたね。こうしていろんな意見を出し合うと，考え方が膨らんで，どんどん賢くなっていきます。学び合うって素晴らしいね。はい，今日前で意見を発表してくれた子立ってください。さあ，みんな！　拍手で讃えましょう！」と言ってフォローする。

　できればこの後，「今日はこんな事を新しく知った，賢くなったなどと感じた人はいますか？」と問う。すると「○○君のおかげで初めて知ったことがある」とか「□□さんのおかげで考えが変わった」という意見もだされるであろう。「みんなあらためて友達にお礼を言いましょう！」と言って一旦授業を終わる。子どもたちが「この仲間と学んで良かった」という瞬間を可視化したのである。

タテ糸ヨコ糸紡ぎを繰り返す

　この実験はここで終わりではない。さらなる「クライマックス」に向かって授業は進んでいく。

　次にマシュマロを取り出す。子どもたちはもうそれだけで大騒ぎである。「食べたい人いますか？」「はーい！」と大きな声がこだまするだろう。

　一つずつ配っていく。子どもたちは「食べていい？」と聞いてくるので「いいよ。でも食べた後に食感を聞かせてね」と言うと喜んで口

に放り込む。「おいしいなあ！」なかなか強烈なタテ糸である！

　約束通り食感を聞く。「ふわふわ」「プニュプニュ」など子どもらしいオノマトペが続くであろう。

　その後，おもむろに先ほどの瓶を手にしてマシュマロを投入し始める。一袋の半分くらい贅沢に放り込むとよい。そこでフタをしてたずねる。

　「またまた空気を抜きます。マシュマロはどうなるでしょうか？」

　これも「膨らむ」「しぼむ」に分かれるが，明らかに半分半分近くの理想的に分かれるであろう。

　ここで子どもたちに意見を聞く。まずは「しぼむ」派。「マシュマロは風船と違って穴が空いているでしょ。だからそこから空気が漏れてしぼんでしまうと思うな」などという意見が多い。

　対して「膨らむ」派。「マシュマロはふわふわしてるでしょ。あれは空気が入っているからだと思います。それでね，風船と一緒だから膨らむと思います」それに対しての反論で，「風船のようにマシュマロは柔らかくない。一旦膨らんでもすぐにしぼんでしまうと思います」などなど，実に活発な意見交流となるであろう。

　さて，ここも最終的には実験でケリをつける。子どもたちは息をのんで観察している。空気を抜き始めると……。

　何とマシュマロは2倍以上の大きさに膨らむのだ。これもまた図を描いて説明する。

見事に膨らんだマシュマロ　　　　説明用のイラスト

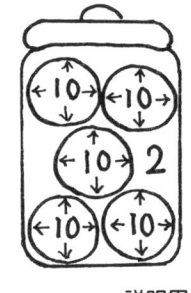

「マシュマロは食べたときにふわふわしてたでしょ。あれは中に空気が入っていたからなのね。だからマシュマロの中にはたくさんの10のパワーを持った風船が入っていると考えるのです。その周囲の空気が2のパワーになってしまうのですから，当然マシュマロパワーが炸裂して『お化けマシュマロ』になっちゃうのね」

そう言って空気を元に戻す。もちろんマシュマロは元の大きさに戻ってしまう。

「さあ，今回もたくさん意見を言ってくれたので授業が盛り上がったね。みんなで拍手〜！」と称える。

「また，途中で友達の意見を聞いて，自分の意見を変えた子もいたね。よく考えた証拠です。拍手〜！」と言って意見変更した子も称える。こうやって，授業を盛り上げてくれた子は全てクラス全員でほめていくのである。

いよいよ佳境へ ―強烈なタテ糸で締めくくる―

ここまでの実験で子どもたちは目に見えない空気の働きをかなり実感して捉えられるようになってきているはずである。

ここまでの現象も強烈で子どもたちを十分惹きつけたはずだが，この実験のクライマックスはここからである。この佳境がある故にこの実験は「スベリ知らず」ネタと呼ばれていると言っても過言ではない。

缶コーヒーを使った実験

缶コーヒーを用意し，缶切りなどで1箇所フタに小さな穴を空ける。そこで子どもたちに問う。

「この缶コーヒーを逆さにするとコーヒーはどうなるでしょうか？」
答えは「コーヒーは出ない」である。一度やってみせる。そして「なぜコーヒーは出ないのでしょうか？」と問い直してみる。

これはなかなか説明が難しい問題である。「空気穴がないからだ」

というのは一つの正解ではあるが、なぜ空気穴がないとコーヒーが出ないかの説明としては分かりにくい。諸説あるが、これは穴にかかる力の問題に帰結する。

小さな穴からコーヒーが出ようとする力よりも穴に外側からかかる気圧の方が大きいので出ないのである。言うなれば「コーヒーが出るのを空気が邪魔している」のである。

そこで「どうすればコーヒーを外に出すことができますか？」と問う。邪魔な空気を排除すればよいので「缶を逆さにして真空にすると邪魔な空気がなくなってコーヒーが出てくる」という答えが出てくるであろう。

空気を抜くとコーヒーが缶からあふれ出てくる。

そこで実際に右の写真のようにビンの中に缶を逆さにして入れて空気を抜いてみる。見事にコーヒーは外に出てくる。これだけで子どもたちは大喜びである。

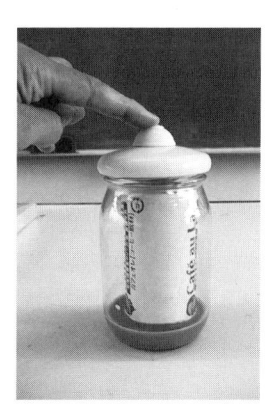

「では次に……」と言って少し間を置く。そして「じゃあ、邪魔な空気を戻すとコーヒーはどうなるかな？」と聞いてみる。素直な子どもたちは「戻る！」と答えるが、また多くの子が「それはないやろう〜！」と否定する。

そこでいよいよクライマックス！ 空気を戻すと……。

空気を戻すと……。何とコーヒーは缶の中へ！

何とコーヒーは一気に缶の中に戻ってしまうのだ！ これにはみんなびっくり！ 授業参観でやると大受けである！

【注意】缶はスチール缶で行ってください。たまにアルミ缶のコーヒーがありますが、これでは空気を抜いた際に缶がつぶれてコーヒーがうまく戻りません。しかし、アルミ缶がつぶれるのを見せるのもまた面白い実験ですけどね！

実践5 教室の外でだって面白実験！
—タテ糸を紡ぐ—

　科学の面白さは，あまたある科学の原理が我々の身の回りに息づいているのを知ることにもある。

　その意味では地球上のどこにいたって実験は可能だし，どんな所にいたって子どもたちを理科好き・実験好きにすることはできる。

　たとえば1学期も中盤を過ぎ，暑くなってきたころに屋外でできる絶好の実験がある。「虹」の実験である。

　私は毎朝学校園で水やりをしている。ちょうど児童玄関の横だから子どもたちは「おはようございます！」と元気に挨拶をして通り過ぎていく。すると中に必ず「あっ！　虹だ！」と気づいて声を出す子がいる。するとその周囲の子どもたちもどっと寄ってきて，「本当だ！　虹だ！」と喜んでいる。子どもたちは虹が大好きなのである。

　教室に帰って子どもたちに言う。「今朝，花壇で虹を見たかい？」「見た！　見た！　綺麗だったよ」と口々に言う。「ところで，虹ってどんな条件の時に見えるか知ってる？」と聞くと子どもたちは途端に静かになる。考えているのだ。何人かが言う。「雨が降らないとダメかな？」これが子どもたちが知っている「虹」に関する知識ではないだろうか？

　「そう！　雨じゃなくても水滴が必要だね。でも実はねえ，まだ他にもあるんだよ。何だと思う？」と私。子どもたちにはいろいろ考えさせるとよい。

　答えのうち三つは「水滴があること」「太陽（光源）があること」「適度な暗さがあること」である。あと一つ重要な条件がある。それは「見る人の立ち位置」である。

黒板に下のように図を描く。

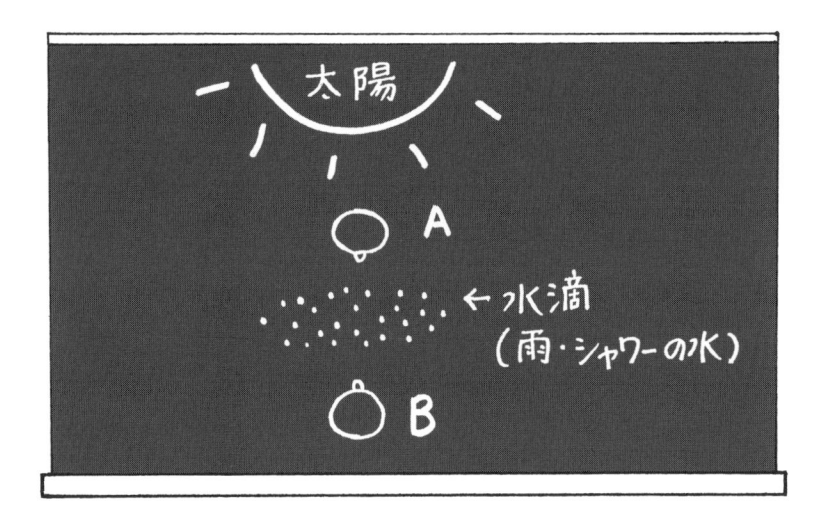

```
       太陽
      ╲│╱

       ○ A

      ．．．． ← 水滴
     ．．．．．  （雨・シャワーの水）

       ○ B
```

　そして「A，Bどちらかの人だけが虹を見ることができます。どちらでしょう？」と聞く。人数確認したら理由を聞いてみるとよい。多くの場合，意見は大きく二つに割れる。理由の中で「この間夕立のあと虹を見たとき，虹のほうに太陽はなかったと思う」などの生活体験が出てくると面白い。

　さて二つに分かれた意見だ。決着を着けなければならない。天気が良ければ花壇へ子どもたちを連れて行く。そして，ホース（できればシャワー機能がついたものが望ましい。綺麗に虹が見える）でシャワー状にして水をまく準備をする。先ほどのイラストのように，太陽を背にしたAグループと太陽に向かって立つBグループとをシャワーを挟んで立たせる。

　そして「じゃあ，水を出すよ。これが雨の代わりね！　虹が見えた人は手を挙げてね！」と言って蛇口を捻る。すると，「あっ！　見えた！」とほぼ同時にAグループの子たちが手を挙げる。Bグループは誰一人手を挙げない。見事に「立ち位置」の重要性を理解することができる。もちろんA，Bで立ち位置を交代させる。原理の理解を強化

第2章　授業づくりで学級づくり―実践編―

することができる。

虹の写真。主虹の外に副虹が見える。

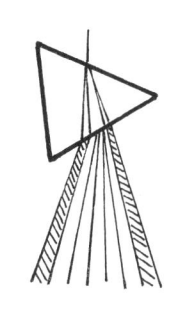

プリズムによる光の屈折色により屈折率が違う。

　教室に帰って上図の写真とイラストを見せる。できればカラーが断然よい。そして，プリズムが光を屈折させること，色によって屈折率が違うために虹のように「七色」に分かれること，水滴がこのプリズムの働きをすることを押さえるとよい。

　また虹には主虹と副虹があって，その色の順番も違うことを押さえる。副虹は水滴で分かれた色の光線が2回屈折するためにできること。2回屈折するので光が拡散してしまい，主虹よりも暗くなることも話すとよい。（厳密にはそう言い切れない説もあるそうだが，小学生にはこの程度のラフさで充分虹の原理は理解させることができる）

　この実験をしてからは子どもたちが空に見える虹を科学的に思考しながら楽しめるようになる。「今日は夕立が降って，夕日が明るいね。きっと東の空には虹が見えるぞ！」などと帰り道に話している子がいた。

　この授業のあとに楽しい工作をする。「虹シート」づくりである。

　「虹ビーズ」というものがある。教材屋さんや，理科教材販売会社のHPから購入可能である。この「虹ビーズ」を使って工作をする。

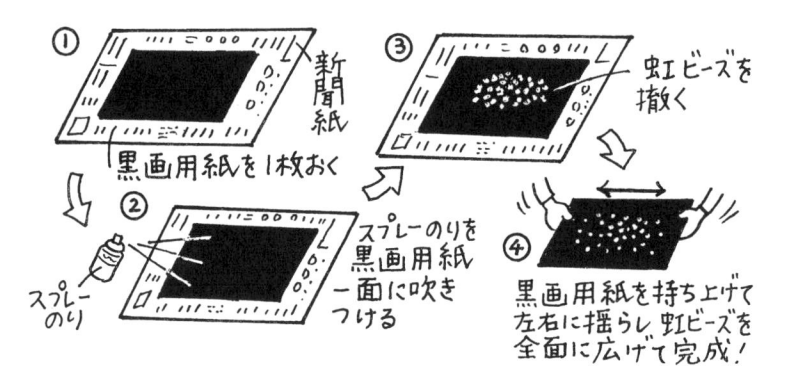

○虹シートの作り方
・黒画用紙にスプレー糊を吹き付ける。
・トレーを置き，その上で虹ビーズを画用紙の上にざっと撒く。
・画用紙全体に広がるようにビーズを拡げる。
・余分なビーズをトレーに落とす。

　以上で完成である。30人学級なら，子どもたち一人ひとりに作ってあげても1ボトルの3分の1も使わない。できたシートを持たせ屋外に行かせるとよい。
　このビーズが水滴の代わりをしていることを伝える。そしてこのシートを太陽を背にして上方にかざさせる。すると，シートの上にくっきりと虹が浮かび上がる。「虹ってまん丸なんだね！」などと叫んでいる。そう。虹はもともと円状に見える。下半分が地面に隠れてしまうので弓状に見えるのだ。

夕焼けも実験で作れる
　この授業の前後に夕焼けの実験をすると，スペクトルに対する理解が深まる。子どもたちには「なぜ夕焼けは赤いか知ってる？」と聞いてみる。ここでもいろいろ意見を出させるとよいだろう。
　次のような図を描いて説明する。

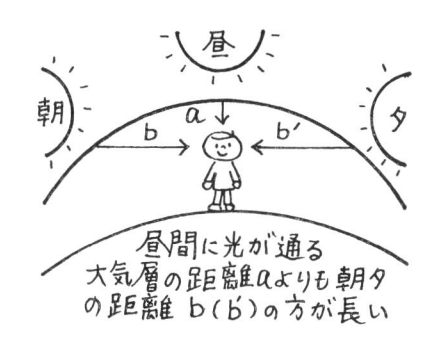

「地球は大気で覆われています。だから太陽光線はこの大気層を通過して私たちに届くのですね。上の図でも分かると思いますが、昼間よりも夕方、朝方の方が太陽光線はより長く大気層を通過します。

すると昼に比べて太陽光は、水分子や埃や塵にぶつかりやすくなります。このとき、波長の小さな色（紫や青）から順番に乱反射してしまい、最後に私たちの目に届くのは波長の大きな赤色や黄色だけになります。よって夕方、朝方は太陽は赤く見えるんだね」

理解の良い子はうんうん頷いているが、そうでない子もまだかなりいる。そこで、次のような実験をする。

右図のように水槽にフローリングワックスと水を入れてかき混ぜる。これが大気中で光を乱反射させる水分子（水蒸気分子）になることを伝える。

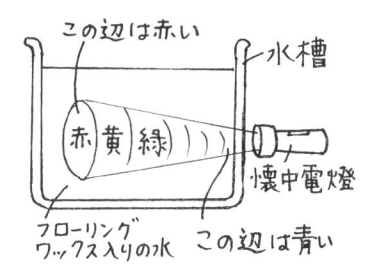

この水槽の横から懐中電灯を当てる。すると、懐中電灯の光が見事に数色に分かれていることに気づく。しかも遠くへいくに連れて赤くなっている！　これを見れば、一見白く見える光もいくつかの色から成っていること、色によって届く距離に違いがあることが一目瞭然となる。

いつでもどこでも楽しい実験をして、身の回りの現象を分かりやすく説明してくれる。そんな先生が魅力的でないはずがない。タテ糸をしっかり紡ぐことができる。

5 体育科授業でこう学級を創る

まずは「運動大好き！」と言わせる
―タテ糸・ヨコ糸を一気に紡ぐ―

　子どもたちは基本的に体育が大好きである。中には運動嫌いな子もいるが，だからこそまずは楽しい体育の授業で「運動大好き！」と言わせる必要がある。

　子どもたちを熱狂させる体育ゲームなどは既に数多く発表されているからその文献を読めばよい。大切なのはその過程で「ヨコ糸」を紡ぎ，授業後に「みんなと運動を楽しんで良かった！」と思わせることである。

実践1　ボール送りリレー
―ルールづくりでヨコ糸を紡ぐ―

　ラグビースクールの練習では定番である。クラスを数チーム（1チーム7〜8名くらいがちょうどよい）に分けて列を作り，ボールを頭上で後ろに送っていくというゲームである。

　ボールを後ろに送ったら列の最後尾に並んでボールを受け取るが，途中ボールを落とすとスタート地点まで戻らなくてはならないルールである。よって声を掛け合い，コミュニケーションを取ることが要求される。

このゲームそのものは子どもたちを惹きつけるのであるが，チームのメンバーの息が合っていないとなかなかうまくいかない。男女仲が悪かったりすると，如実に結果に現れる。よってクラスの状態に応じてメンバーを組めばよいが，最終的には男女混合のチーム構成を目指す。

　ゴールは次のように定義しておく。「チームメンバー全員がゴールラインを通過し，さらに肩に手をおいて一斉に『はいっ！』と声を出して座ること」これは言うまでもなくメンバーのヨコ糸を紡ぐためのルールである。

　頭上送りのあとは股下送り。次いで頭上→股下交互バージョンと変化を加えていく。全チームがゴールしたら「１位！」「２位！」と大声で結果をコールしていくが，たとえ最下位でも最後まで頑張ってやり通したチームがあったら，「最後までやり通したね！　それがスポーツマンシップだ！」と拍手で称える。

実践 2 タグ鬼ごっこゲーム
―ルールづくりでヨコ糸を紡ぐ―

　これもタグラグビーでは定番のゲームである。タグとは腰に巻くマジックテープ付のベルトの左右両サイドにぶら下げる「ビニール製の紐」のことで，最近タグラグビーが学習指導要領の中で紹介されたことから全国的に広まっているグッズである。なければタオルなどで「シッポ」の代わりにすればよいが，やはり赤・青・黄・緑各10本ずつのタグは学校備品として購入しておきたいものだ。

　このタグゲームは子どもたちをとても魅了する。タグの珍しさもあるが，何よりルールが単純明快であることがその要因であろう。

　まず最初は二人でペアになる。そして右手で握手させた状態で残った左手で相手のタグを取らせる。2本とも取られたらタグを返し，今度は左手で握手して右手で取らせる。終わったら挨拶して別れ，別のペアを見つけさせる。

　次に手を握らずに両手フリーの状態で取り合いをさせる。子どもたちはとにかく大声を上げて熱中する。

　次はチーム対抗である。ルールは簡単。4色対抗で他のチームのメンバーのタグを数多く取ったチームが勝ちである。2本とも取られたら，コートの外へ出なければならない。1回戦1～2分で終えると丁度良い。

第2章　授業づくりで学級づくり―実践編―

　さらにこのゲームにはヨコ糸を紡ぐルールがある。取ったタグはカウントして勝敗が分かった後に必ず手渡しで相手に返さなければならないことである。だから教師はタグを戻させる瞬間に「ありがとうございました！」と言わせるべきである。このような礼節を年間を通じて忘れないことが，学級づくりを成功させる秘訣と言っても過言ではない。

　さて次に「通り抜けゲーム」である。このゲームは次のイラストの様に一列に並んだ相手の「壁」の隙間を通り抜けて行き，3本の「壁」を通過できたら1点獲得できるというものである。通過時に敵にタグを1本でも取られたらその時点でスタートに戻らねばならない。この時，タグを手渡しで受け渡しすることは言うまでもない。

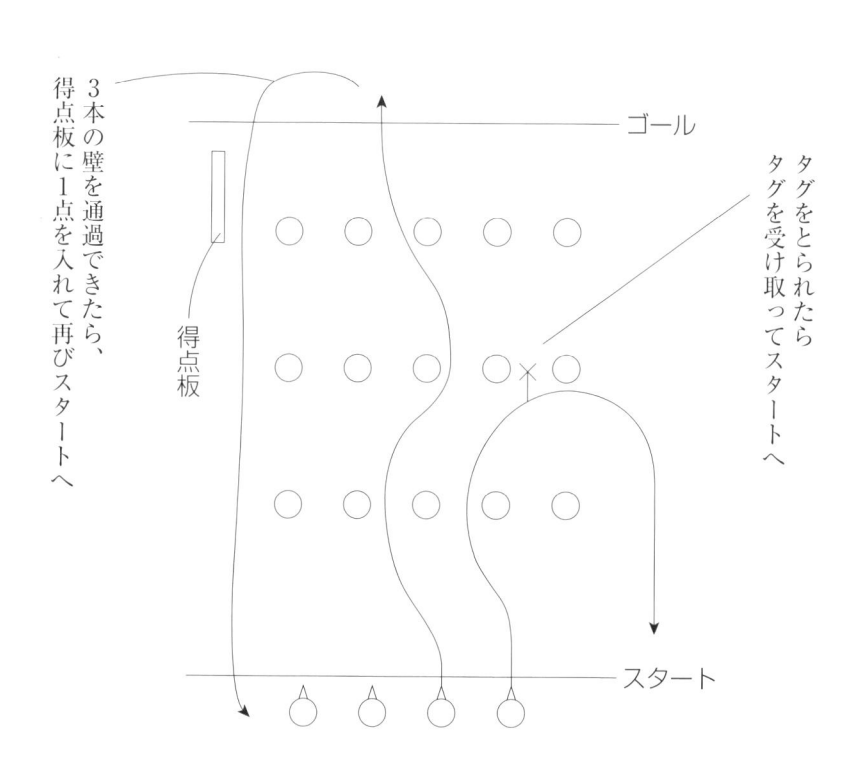

実践 3 バスケットボール
―ボールを取りに行かせるときが、ヨコ糸を紡ぐチャンス―

こうして「体育の授業は思い切り身体を動かせて楽しい！」と思わせていく。そうして、初めてバスケットボールなど、ボールを使用する時が来たらいよいよ本格的にヨコ糸を紡ぐチャンスである。

指示 1 今からバスケットボールの練習をします。一人一球ボールを取ってきなさい。

この指示をした後は、子どもたちの様子をじっと見ておく。多くの場合、ここに「弱肉強食」の構図が浮かび上がるはずである。つまり運動が得意なやんちゃのボス格の子たちが自分の気に入った「良いボール」を先に取りに行くだろう。そして運動が苦手だったり、いじめの対象になりやすい子たちには残り物のボールしか当たらないはずである。この差別的構造を看過したら教師の負けである。今までになく毅然とした態度で指導にあたる。

指示 2 ボールを元に戻してきなさい。

何も言わずにドリブルなどしてご満悦だった子どもたちは「何で？」という顔で半ばふてくされながらボールを戻しに行くだろう。ここで次のように問う。

発問　何故私はボールを元に戻せと言ったか分かりますか？

この問いにここで手が挙がる学級はまだ救いようがある。出ない場

第2章　授業づくりで学級づくり―実践編―

合は「このクラスはこんな答えも分からないレベルなのです。もはや体育以前の問題！　金輪際体育なんてやめましょう！」と厳しく言えばよい。

　ここいらで数人は気づくはずである。「自分だけ好きなボールを取りに行く子が多かったから」などという答えが出たら一応は良しとする。

　教師は次のように言う。「体育の授業を通して体育を学ぶのではないのです。体育の授業を通して人生を学ぶのです。君たちは将来、自分のことだけを考えるわがままな人間になりたいですか？　それとも他を思いやれる優しい人間になりたいですか？」

　こう問うとほぼ全員が後者を選ぶはずである。「しかし今多くの人は自分のことしか考えなかったじゃないか！　そんな雰囲気の中でどうやって思いやりやチームワークや良き人生を学ぶのですか？　自分勝手にやりたいのなら、勝手に公園で遊んでくればよいのです！」子どもたちは真剣に聞きいっている。この雰囲気に持ち込めたら教師の「勝ち」である。

　そうして次の指示を出す。

指示　3　今からバスケットボールの練習をします。一人一球ボールを取ってきなさい。

　この後の子どもたちは先ほどとは違う姿を見せるはずである。そうして自分のことを後回しにした子が多く現れたなら、「それが思いやりというのです！」と言ってしっかり拍手で称えてあげるのだ。

113

実践4 水泳指導
―「できた！」という実感は強いタテ糸―

　ここ数年高学年を担任することが多い。そこで毎年しみじみ思うのだが，「小学校の水泳指導では一体何を教えてきたのだろう？」ということである。

　6年生を担任した時でも「プールの半分＝約13m」すら泳げない子が30名近くいるのである。5年間毎年水泳指導を受けてきたのにである。

　かく言う自分も小学校の時は25mを泳げなかった。いくら先生の指導，指示に従ってもついにダメだった（まあ，運動神経が鈍いと言われればそれまでであるが）。だから，今教師となって「泳げない」子の何がダメでどうすればよいかは人並みには分かっているつもりだ。

　これまた水泳指導の書籍などたくさん発刊されている。だから私がここで詳細を述べるつもりはないが，ただ一つだけ明確にしたいこと。それは「泳げない子」は「泳げない」のではない。「息継ぎができない」ということである。

　息継ぎを指導する際に定番なのは「ボビング（水中で息を吐かせ，空気中で息を吸わせる方法）」という練習方法であるが，これもただ回数をやらせればよいというものではない。

①〜③を くり返す

① 沈んで水中で息を吐く　② ジャンプして空気を吸う　③ 再び沈んで息を吐く

　プールで立ちながらボビングができたら、今度は泳ぐ姿勢で息継ぎできるように指導しなければならない。これがうまくいけば、30名中20名までは3時間程度あれば13mは軽く泳ぐことができるようになる。残り10名は個人差があるが、ほぼ全員が夏休み中には13mをクリアーし、90％が25mを完泳することができるようになる。

　「この先生の言うことを聞けばできるようになる」という体験は強烈なタテ糸となる。ときにはクラスを越えて子どもと信頼関係を構築できるようになる。

　こうなると学年指導もしやすくなり、同僚からの信頼も得ることに繋がる。このような教育技術も若いうちにたくさん身につけておくとよい。

6 給食指導でこう学級を創る

「給食」というアクティビティで
― ヨコ糸を紡ぐ ―

　給食の時間も立派な「授業」時間であると考えている。教師にとっても子どもたちにとっても息抜きの「空白」の時間ではないのだ。
　あちこちのセミナーなどでお話しさせていただいているが、現在私のクラスには給食当番は存在しない。よって新学期から当番表なるものをせっせと作成する必要はない。「給食当番の仕事を形式的平等主義で均等にどの子にも分担させよう」などという指導法とは「思想」が違うのだ。ではその実際はいかなるものか？　下記に述べる。

1　大人の「当番」と子どもの「当番」―「当番」の思想―

　何の迷いもなく学級では子どもたちに「当番」活動をさせている。「ある仕事をクラス全員が均等に分担しやり遂げる」一見何の疑いもない文句ではある。
　しかし、この考えには大きく二つの「落とし穴」がある。
　一つ目は「ある仕事」とは「するのが大変な面倒な仕事」という前提があるということである。だから「面倒な仕事は分担して文句の出ないようにしよう」となる。これは私の「思想」とは大きく異なる。
　給食にしろ掃除にしろ、それら「自分のいろんな力を伸ばしてくれる」仕事が与えられるのは「ありがたい」ことであり、自ら進んで感謝しながらやるべきものだと考えている。だから「やりたい者だけでやる。やりたくないものにさせるべきではない」というのが私の思想である。
　二つ目は「当番」に対する大人と子どものスタンスの違いである。大人の「当番」と言えば町内会の役やPTAの仕事が連想されるが、多

くの場合，大人はこれらの仕事をきっちりやり遂げる大切さを認識して仕事をこなしていく。「なんだ？　順番にみんながやっている仕事をあの人はいい加減にしてるじゃないか？」と言われることは生業をもって日頃から生活している大人には耐え難い評判である。つまり「仕事をしない」ことは「怠惰であり，卑怯なこと」という認識で「当番」の仕事に臨むのである。さすがは「稼いで生活する大切さ」を知っている大人である。

対して子どもはどうか？　何しろ生まれてこの方「１円たりとも稼いだことはない」のである。よって与えられた仕事を責任を持ってやり遂げる大切さなど何一つ教えられていないのだ。このような子どもたちにただ単に機械的，形式的に仕事を割り振ってもやり遂げるはずがないであろう。

だから子どもたちに「当番」の仕事を与えるなら，当然その仕事をやり遂げることの意味や大切さをきっちり教える必要がある。それをせずに「子どもが仕事をしないので困る」などと言うのははっきり言って教師の怠慢以外の何物でもない。

子どもが仕事をしないのであれば，仕事をきっちりやり遂げるようにあれこれ策を講じることである。

2　教師が見本を見せる　―圧倒的力量で範を示すタテ糸―

私がよくやる手法に「教師一人で全員分の給食配膳をやり遂げる」というのがある。教師一人がやれば10分以内で全員分配膳し終えることが可能なはずだ。

「今日は先生が全員の配膳をするから，座って見ていなさい」と言って配膳をスタートする。

お盆を素早く子どもたちの机上に置き，続いてスプーン，牛乳，パン，デザートを定位置に置く。次に２種類はあるおかずを素早くお皿

に給仕し，お盆などに5～6皿載せて一気に配膳する。かなり疲れるが手際の良さを子どもたちは感心しながら見ているはずである。

ここで次のように言う。

「先生一人なら10分以内で配膳し終えることができました。みなさんは7人くらいでやるのですね。きっと私一人よりも早いことでしょう。明日期待していますよ」と「挑発」して，その日は終わる。

次の日「当番」数名にやらせてみる。10分では到底終わらない。仕事が噛み合っていないのだ。タイムを計測しておき，次のように言う。

「先生一人の方が早いですね。なぜ君たちは7名もいながら先生一人のときより遅いと思いますか？」

いろいろ出されるであろうが，要するに「手際が悪く」「仕事が噛み合っていない」のだ。ならば子どもたちに指導するのは「手際よい配膳方法」と「噛み合ったチームワークある仕事のこなし方」である。

3 「やりたい人！」精鋭エプロン組募集

子どもたちに言う。

「みんなが協力して早く給食をいただくためにはプロ並みのテクニックとチームワークが必要です。昨日先生が見せたようなテクニックを教えてあげたいのですが，希望者はいますか？」

するとかなりの人数が挙手するので，その中から5名くらいを選抜し「エプロン組」に任命する。給食配膳の際に食器とメニューのさじ加減をすることができるのはこの「エプロン組」だけであり，「ノンエプロン組」のいかなる文句も受け付けない。いわば「エプロン組」は給食配膳のエキスパートでなのである。

第2章　授業づくりで学級づくり―実践編―

サラダなどの平皿に盛る「小さいおかず」は皿を一気に並べてそこに給仕していくと早い（居酒屋のつきだしを作るテクニックである）。

汁物やご飯は一つの皿に盛った瞬間次の「1杯」をおたまやしゃもじに取っておく。これで必要時間が半分で済む。

4　キッチン・ホール・テーブルの3パート

　よく見かけるのがカフェテリア形式である。当番以外の子どもたちが一列に並んで給食台に配膳された皿などを取っていく方法である。しかしこれは実にムダな時間を使うことになる。並んでいる間に全員でお盆や牛乳などを配膳すればよいのだ。おかずやご飯はその後に一人が持てるだけ盛って一気に配膳すればよい。これだけで5分近くは

時間を節約できるはずだ。

　この方式をもう少し分かりやすく説明すると,「キッチン」「ホール」「テーブル」の3パートに仕事を分けるということになる。

★キッチン……「エプロン組」のこと。おかずやご飯を給仕できる唯一のエキスパートである。5名もいれば十分。

★ホ ー ル……「キッチン」の配膳したメニューをテーブルまで運搬する役割を担う。とりあえずグループの人数分を机に持って行けば, あとは「テーブル」が配膳をしてくれる。

★テーブル……自分のグループの机で待機し, 運ばれてくるお皿やお盆, パンなどを行儀良く定位置に配膳していく役割を担う。

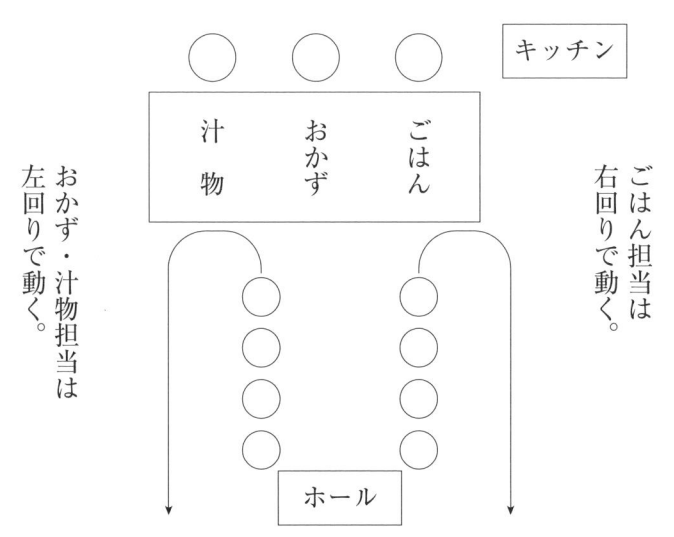

「動線」を意識させることが大切。ムダな動きが削られていく。

5 タイムトライアル ―記録更新してヨコ糸を紡ぐ―

　ここまで「根回し」的な基礎をきっちり教えた上で、いよいよタイムトライアルである。初期は達成感を持たせるためにワゴンが到着した時点から計測を始める。おそらく10分以内に終わるはずである。慣れてきたら4時間目終了時点から計り出す。こうなるとメニューによっては5分を切ることも出てくるようになる。

　達成した時間をみんなで称える。「昨日より1分短縮！　新記録樹立！」などと言って拍手する。しばらくはその前後の時間での配膳を称え、「早いことが当たり前で素晴らしいこと。そしてそれはみんなで協力したおかげ（＝ヨコ糸の素晴らしさの可視化）」と教えていくのだ。

　こうして日々子どもたちは配膳の腕を上げていくことができるようになる。

6　その他の礼儀作法を教える

　給食はただ単なる「エサの時間」ではない。食事の礼儀作法を教える貴重な時間である。「厳しいことは人間関係が構築されてから」という考えがあるが、食事に関しては私は最初からかなり厳しい。

　「毎日給食が食べられて当たり前」と考えている子どもたちに、そのありがたさを教え、行動させるのでなければ教師の敗北である。

　奇をてらって授業化する必要はない。単刀直入に説話をすればよい。たとえば次のような話である。

① 「いただきます」の意味

これは「生命をいただいている」という意味である。人間は食塩と水以外は全て動植物の命をいただいて生きている。また，水や食塩も人間が安全に食べられる割合は非常に少ない。

だから好き嫌いや食べ残しは全て生命を粗末にする行為である。アレルギーでない限り少しでも食べる努力をするように話す。

② 宴会と会食は違う

グループで食べると大騒ぎになることがある。宴会と食事の区別がついていないのである。給食は当然食事である。大騒ぎが許される「うたげ」とは違う。周囲の人の迷惑にならぬように，会話は楽しむ程度にする。校内放送が聞こえる音量で。しかもお喋りが「主」にならぬよう。あくまで食事が「主」であり，会話は「従」とするのが嗜みである。

③ ご馳走の意味

「馳」とは車などで走り回ることである。目の前の食事を作るために多くの人たちが走り回ってくれたのだ。一度どんな人たちが準備に携わったか考えさせるとよい。

漁師さん，畜産農家の人，農家の人，肥料や農薬を作っている人，運搬してくれる人，鋳物業者の人，牛乳瓶を作ってくれる人，牛乳瓶を洗ってくれる人，調理員さん，給食費を稼いでくれる親……と枚挙に暇がない。それらの人々の顔を一瞬でも思い浮かべてみさせるとよい。

一度「まずい！」と大声で言った男の子がいたので，次のように言った。「先生と一緒に調理員さんの所へ行こう！」「何をしに？」と聞くので「調理員さんの前で今言った『まずい！』って言ってみて。ついていってやるよ」すると大抵の子どもはここで「ごめんなさい」とな

る。

　米粒一つ作ることも買うこともできない者が、他人様の支えがあって用意してくださった食べ物に対して「まずい」と言ったとき、心の底から怒りがこみ上げてくるようでなければ教師失格である。

　ご馳走というのは食べ物に限った話ではない。衣服も住居も校舎も文房具も、道路も……。おおよそこの世の中に、誰か他の人や自然の支えなしに手に入るものなど何一つないのだ。自分は今日まで一人で大きくなったと思っているのが子どもであり、その考え方、生き方を修正するのが大人の大切な役割である。

　折に触れてしっかり話す必要がある。

7　最後は挨拶で締める

　「ご馳走様」をしたら、すぐに片づけに入る。これも当番は特に決めていない。気づいた者が気づいたことをする。1分程度で綺麗に片づく。

　早く終わっても、他の友達がみんなのために働いているなら静かに終わるのを待つ。最後まで頑張ってくれた人が帰ってきたら拍手で称える。こうして毎日「給食」というワークでヨコ糸を紡ぐのだ。最後に「ありがとうございました！」で昼休みとなる。

あとがき

　教育界では授業研究が相変わらず盛んです。市町村，都道府県レベルで教科・領域の研究会が設置され，年間を通じて研究発表会が行われています。

　また，民間の教育団体のセミナーでも魅力ある授業の研究が盛んに行われています。

　これらの研究成果に謙虚に学び，授業者としての資質を高めていくことはプロとして当然のことです。しかし，授業の技量というのは優れた指導言を発し，素晴らしい資料を提示することだけではありません。その授業を通していかにして子どもたちに「生き方」を教えるかということ。ここを落としては授業の持つ意味は半減してしまいます。

　魅力ある授業で惹きつける。それと同時に子どもたち同士を繋いでいく。この考えと実践はおそらく具体的な実践を通じて今まで明確にされてこなかったのではないかと思っています。授業という営為を通して良き人間関係を紡ぐ。本書の問題提起はここにあります。どうかご一読いただきご批評を賜れば幸いです。

　本書発刊に際してたくさんの方々のお力添えをいただきました。

　盟友，中村健一氏には本書発刊のチャンスとともに本書のコンセプトに多大なヒントをいただきました。また黎明書房の都築康予氏，伊藤大真氏にはきめ細かいご指導，ご配慮をいただきました。

　たくさんの方々のご支援のおかげで本書は完成しました。心より感謝申し上げます。本当にありがとうございました。

　　　2013年6月

　　　　　　　　　　　　　　　　　　　　　　　　土作　彰

著者紹介

●土作　彰

1965年大阪生まれ。現在奈良県広陵西小学校教諭。
2002年奈良教育大学大学院教育学研究科修了。
研究題目『学級経営における教師の指導性に関する研究』
最近は山口県の中村健一氏や大阪府の金大竜氏らとタッグを組み「学級づくり」を改革すべく全国を縦断中。「学級づくり」改革セミナー主宰。
主な著書に『子どもを伸ばす学級づくり』(日本標準),『ミニネタで愉快な学級を創ろうよ』(学陽書房) など多数。

イラスト・伊東美貴

授業づくりで学級づくり

2013年9月20日　初版発行

著　者	土　作　　　彰	
発行者	武　馬　久仁裕	
印　刷	株式会社　太洋社	
製　本	株式会社　太洋社	

発　行　所　　　株式会社　黎明書房

〒460-0002　名古屋市中区丸の内3-6-27　EBSビル
☎052-962-3045　FAX 052-951-9065　振替・00880-1-59001
〒101-0047　東京連絡所・千代田区内神田1-4-9
松苗ビル4階　☎03-3268-3470

落丁本・乱丁本はお取替します。　ISBN978-4-654-01890-1
Ⓒ A. Tsuchisaku 2013, Printed in Japan
日本音楽著作権協会(出)許諾第1309291-301号

土作　彰・中條佳記・島田幸夫・中村健一編著　　　B5・各79頁　各1800円
コピーして使える授業を盛り上げる教科別ワークシート集
（低学年／中学年／高学年）「エライ！　シール」付き

小学校の授業の導入や学級づくりに役立つ，著者の教育技術の全てをつぎ込んだ，国語・算数・生活・理科・社会・学活の楽しいワークシート集。コピーして何度も使えます。
　（低学年）ひらがなあんごう／たねをよく見よう／なまえビンゴ／計36種
　（中学年）かくれた数字を見つけよう／実験器具スケルトン／計35種
　（高学年）分数マスターになれるかな？／世界国名しりとり／計35種

土作　彰・中村健一著　　　　　　　　　　　　　　B6・93頁　1200円
42の出題パターンで楽しむ痛快理科クイズ660

教師のための携帯ブックス⑤　理科の授業が待ち遠しくなります。授業を盛り上げ，子どもたちをあっという間に授業に引き込む，教科書もおさえた660の理科クイズと，笑って覚える愉快なクイズの出し方を42種紹介。

中村健一編著　　　　　　　　　　　　　　　　　　B5・87頁　1900円
担任必携！　学級づくり作戦ノート

学級づくりを成功させるポイントは最初の1ヵ月！　例を見て書き込むだけで，最初の1ヵ月を必ず成功させる作戦が誰でも立てられます。作戦ノートさえあれば，学級担任のつくりたいクラスにすることができます。

多賀一郎著　　　　　　　　　　　　　　　　　　　A5・147頁　1900円
全員を聞く子どもにする教室の作り方

人の話を聞けないクラスは，学級崩壊の危険度が高いクラス！　学級も授業も飛躍的によくなる，聞く子どもの育て方を具体的に順序だてて紹介。「聞く」ルールのある学級づくりをする／「聞く力」はこうして評価しよう／他

蔵満逸司著　　　　　　　　　　　　　　　　　　　B5・92頁　1800円
見やすくてきれいな小学校の教科別ノート指導

国語，社会科，算数，理科等の各学年のノートの見やすい書き方，使い方を，実際のノート例を多数まじえながら紹介。また，「特別支援を意識したノート指導」では，支援を要する児童を意識した板書の工夫にもふれる。

長瀬拓也著　　　　　　　　　　　　　　　　　　　四六・152頁　1600円
誰でもうまくいく！　普段の楽しい社会科授業のつくり方

研究授業のように時間をかけて特別な準備をしなくても，限られた時間の中で子どもたちが楽しく興味をもって学習に取り組める授業を構想し，つくる方法を小学校社会科の実践例をもとに詳述。多忙な若い先生方必読！

表示価格は本体価格です。別途消費税がかかります。

■ホームページでは，新刊案内など，小社刊行物の詳細な情報を提供しております。「総合目録」もダウンロードできます。http://www.reimei-shobo.com/